★幼儿园培训资源库★

幼儿教师

必知的88条

安全应急措施

王 雪◎主 编

李红卫 孙丽红◎副主编

吉林大学出版社

图书在版编目（CIP）数据

幼儿教师必知的 88 条安全应急措施 / 王雪主编. ——
长春：吉林大学出版社，2014. 1
ISBN 978－7－5677－1120－4

Ⅰ. ①幼… Ⅱ. ①王… Ⅲ. ①幼儿园－安全管理
Ⅳ. ①G617

中国版本图书馆 CIP 数据核字（2014）第 014753 号

书　名：幼儿教师必知的 88 条安全应急措施
作　者：王雪 主编

责任编辑：朱进　责任校对：王宁宁　　　　　　　封面设计：青蜓
吉林大学出版社出版、发行　　　　　　　三河市腾飞印务有限公司　印刷
开本：787×1092　毫米　1/16　　　　　　　2014 年 4 月　第 1 版
印张：12　字数：165 千字　　　　　　　　2017 年 9 月　第 1 次印刷
ISBN 978－7－5677－1120－4　　　　　　　定价（全 10 册）：680.00 元

社址：长春市明德路 501 号　邮编：130021
发行部电话：0431－89580026/28/29
网址：http://www.jlup.com.cn
E-mail：jlup@mail.jlu.edu.cn

前　言

　　幼儿时期是人一生中最迅速、最基础的时期，让幼儿有一个幸福、快乐、健康、安全的人生是所有家长和老师们的美好愿望，幼儿期的健康发展是孩子今后发展的根本基础，但由于幼儿年龄小、生活经验贫乏、自我保护能力有限，缺乏防范的基本意识，自我保护意识弱，因此，幼儿期是人一生中最容易出现事故和危险的时期。

　　幼儿伤害事故的发生大多是因为家长、教师和其他监护人缺乏防止儿童意外伤害的意识和知识。监护人防范意识薄弱，缺乏必要的安全知识。调查发现，许多教师安全意识薄弱，根本想不到幼儿会发生意外。还有一个原因是，幼儿安全知识存在空白区，缺乏一定的防范能力。

　　幼儿的安全是幼儿园工作的重中之重，在幼儿的周围或者我们的工作中都存在着影响幼儿的安全隐患。幼儿的安全事故发生从未停止过，幼儿教师身上的担子越来越重，只要幼儿在幼儿园里呆一分钟，幼儿教师就要提高警惕，一旦幼儿的安全受到威胁，要立即做出应对措施。

另一方面，教师对幼儿进行安全教育是非常必要的。结合幼儿的生活进行安全教育，提高幼儿的自我保护意识和能力。幼儿处于身心逐步发展的阶段，缺少生活经验和各种社会方面、自然方面的常识，自理能力较差，虽然教师和家长在竭尽全力小心翼翼地呵护他们，以尽量减少事故的发生，但我们应知道成人对孩子的保护毕竟是有限的，因此在关注孩子、保护孩子的同时，也应教给幼儿必要的安全知识，提高其自我保护能力。只有把安全的金钥匙交给孩子才是比较可靠的。

如何避免教学活动中的突发事件？如何让幼儿避免突发事件的伤害？室外活动时，如何让幼儿免于意外的伤害？如何让幼儿远离疾病的侵袭？如何才能让幼儿安全地离开幼儿园，回到父母的身边？如何保证幼儿饮食的合理与安全？自然灾害发生时，如何将伤害事故对幼儿的影响降到最低？

本书详细讲述了幼儿可能会遇到的88种伤害，科学地、实效地给予幼儿教师指导性的建议，能够帮助幼儿教师保障幼儿的健康成长。

希望我们每一位幼儿教师，视幼儿为己出，真正地为幼儿的安全考虑，为幼儿提供一个安全的环境，提高幼儿的身心发展水平，避免意外伤害事故的发生。

目 录

第一章　教学活动中，出现突发事件

　　幼儿的自我保护意识较弱，自我保护能力也不足以保障自身安全. 当他们面对突如其来的意外情况时，多难于自保，从而遭致或轻或重的人身伤害。对于不同的突发事件，处理的方法也不同，但有一点是相同的，就是无论遇到哪种突发事件，处理时都需要准确、及时、果断。这就要求幼儿教师了解足以伤害到幼儿的突发事件的常见起因、掌握应对突发事件的种种措施、做好突发事件的预防工作。将各种突发事件对幼儿的伤害降到最低。

1 小心眼睛进入异物

眼睛是人体重要的器官之一，也是最容易受外物侵入的器官。

幼儿常常会被沙子、灰尘、眼睫毛、小虫、金属碎屑等异物侵入眼睛。异物进入眼睛的症状通常表现为：眼睛睁不开、发红、流泪、疼痛、怕光、有异物感，甚至视力模糊。眼睛进入异物是一件发生几率较高的事情，如不及时治疗可能会导致结膜炎甚至角膜炎。

幼儿的眼睛十分娇嫩，一旦飞进哪怕是细微如丝的异物，都会使他们痛苦不堪，若处理不当，很容易伤害到角膜。因此，教师在清除幼儿眼睛异物时，要把握以下"三不"原则：

1. 中国儿童中心营养与健康总顾问王如文老师强调，当眼内有异物时，不要用手或其他物品去揉擦眼睛。因为揉眼睛，不仅异物出不来，反而会擦破角膜上皮，使异物深深嵌入角膜，而且揉眼时会把细菌带进眼内，引发角膜炎、角膜溃疡。此外，揉挤还会使眼充血、结膜水肿。

因此，当异物进入幼儿眼睛时，教师应该先阻止幼儿用手揉擦，然后将幼儿上下眼睑轻轻翻开，并用嘴小心将异物吹出，有条件的话，可用生理盐水将异物慢慢冲出来。异物出来后，在一段时间内应坚持滴眼药水或涂眼药膏以防止细菌感染。

2. 若是生石灰进入幼儿眼睛，不仅不能让幼儿用手揉眼睛，更不能直接用水冲洗，因为生石灰遇水会生成碱性的熟石灰，同时产生热量，处理不当反而会灼伤幼儿的眼睛。正确做法应该是，用棉签或干净手绢的一角将生石灰粉轻轻拨出，清理完成后再用清水反复冲洗眼睛 30 分钟以上，冲洗后还应请园医检查治疗。

3. 当幼儿眼睛进入异物时，一些教师可能会想到为幼儿使用眼药水，但眼药水不是治疗眼病的"万能药"，不对症使用可能会产生相反的效果。眼科医生指出，在异物未取出时，滴用眼药水是无效的，而且部分眼药水有收缩血管的作用，滴用后会减轻患眼的充血症状，影响医生对异物取出与否的判断。还有部分幼儿对某种药物过敏，在不了解的情况下使用眼药水可能会产生不必要的损伤。

眼科医生强调，眼药种类很多，各有其适应症，不应交叉替代使用。所以，如果教师打算使用眼药，必须遵照医嘱对症用药，以免出现问题。

需要牢记的是，如果异物插入幼儿的眼球，教师绝对不可尝试取走。若异物粘在眼球上，或在瞳孔及虹膜处，教师不要自行去除异物，而是要立刻通知园医，请专业医生处理。

教学活动中，教师要注意观察幼儿的反应，若发现有幼儿用手不断地揉擦眼睛，并伴有流泪、眼睛红肿症状时，应该马上查看幼儿的眼睛。

教师若发现幼儿的眼睛进入异物，可按下列步骤进行处理：

1. 异物入眼后，切勿用手揉擦眼睛，以免异物擦伤角膜。眼睛遭异物入侵会产生不适感，这时幼儿会用手去揉擦眼睛，当教师怀疑幼儿因眼睛有异物导致不适而去揉眼时，首先须将幼儿的双手按住，以防止他再去揉擦。

2. 为了防止幼儿在清洗眼睛时头部晃动而影响清洗，教师可以用手轻轻固定住幼儿头部。

3. 教师应迅速准备一碗干净的凉开水或矿泉水，切忌直接用自来水冲洗眼睛，否则容易引起细菌感染。应用汤匙盛水冲洗受伤的眼睛。

这里需要注意的是，若入眼的异物量大且污染重（特别是化学物品），必须争分夺秒地用当时、当地所能找到的最干净的水源冲洗30分钟。

4. 要将幼儿的头部倾向受伤眼睛的那一面，如左眼受伤则向左面倾斜，慢慢用凉开水冲洗受伤的眼睛约5分钟。

5. 教师要安慰幼儿，让其保持镇定，强调不要揉眼睛。待不适感稍稍缓和，可让幼儿试着闭上眼睛，并让泪水流出，借此让异物随泪水自然流出。

具体方法是，先抚慰幼儿，让其闭上眼睛休息片刻，等到眼泪大量分泌时再让幼儿慢慢睁开眼睛眨几下，多数情况下，泪水会将眼内异物

"冲洗"出来。

6. 完成上述步骤后，无论异物取出与否，教师都应立刻带幼儿到园医处，做进一步检查，并告知家长详情。

7. 处理过程中，教师还应该牢记以下急救护理要点：

（1）要先用肥皂和清水清洗自己的双手，然后再检查幼儿的眼睛。

（2）把上眼皮轻轻拉起盖着下眼皮一会儿，利用下眼皮将藏在上眼皮的细小异物除去。

（3）如果异物仍没有除去，可将煮沸后冷却的温水轻缓地倒入睁开的眼睛，冲走异物。

（4）如异物仍在，可翻起上眼皮检查，可能的话以棉花棒和纱布的一角轻轻擦拭上眼皮内侧，尝试除去异物。

（5）如上述方法仍未奏效，切勿再尝试处理。应该马上用干净的毛巾轻轻盖住幼儿受伤的眼睛，避免让异物再深入眼球，并且尽快寻求医疗帮助。在运送途中最好让幼儿保持仰卧，如有可能应使用担架。

2 别让鼻腔进入异物

很多情况都可能导致异物进入幼儿的鼻腔。例如，在玩耍时，幼儿可能会有意或无意地将豆类、果核、玻璃球、橡皮塞、纸卷、纽扣等物品塞入鼻孔；如果幼儿园内种有花草树木，也可能会有小昆虫爬入幼儿鼻子；幼儿用餐时，由于打喷嚏、呛咳等原因，食物可能经鼻咽逆行进入鼻腔。

进入鼻腔的异物，可以根据种类不同分为三类：（1）非生物类，如纸团、玩具、纽扣和玻璃球等；（2）植物类，如花生米、黄豆、瓜子等；（3）动物类，如昆虫、蛔虫等。

通常情况下，鼻腔异物所引起的症状，因异物的大小、形状、性质和位置的不同而不同。如果异物光滑、刺激性小，短期内可能没有什么不适症状；而较大的异物或植物类异物，则可能会导致鼻塞、鼻腔刺激或感染，鼻腔常有大量的分泌物，鼻内有瘙痒感，鼻涕中带血或脓、有臭味，时间较长的话还会导致贫血、消瘦、营养不良等全身症状；动物性异物还会使鼻腔有小虫子蠕动的感觉，时间长了可引发鼻炎；铁锈、污土、石块等异物，还有可能引起破伤风。

幼儿比较贪玩，很喜欢摆弄那些有可能进入鼻腔的小东西，所以，教师应做好预防工作，以免发生意外。

1. 教师要教育幼儿在玩耍时不要将异物塞入鼻子，同时要将那些容易进入鼻子的危险的东西，如玻璃球、纽扣、果核、别针、花生米、黄豆等物品，放到幼儿不易拿到的地方。

当幼儿吃花生米、黄豆和含有果核的水果时，要随时观察。对于纽扣、玻璃球和别针等物品，如果幼儿有玩耍或使用的必要时，教师要再三强调不要将其放进鼻腔，同时还要随时留意，尽可能降低危险性。

2. 春夏昆虫较多的季节，幼儿需要去花圃等地玩耍时，教师要特别留意。

3. 吃饭时，教师要教育幼儿不要说话，不要说一些会引起幼儿大笑的话语，也不要做出会使他们发笑的动作使他们吃饭时分心，防止食物进入鼻腔。

鼻腔进入异物后，幼儿会感觉特别不适，便用手去抠、挠，这是非常危险的处理方式。所以，发现幼儿鼻腔进入异物后，教师该怎么办？

1. 教师可教幼儿按如下方法进行尝试：用嘴吸一口气，然后紧闭嘴唇，堵住无异物一侧的鼻孔，使劲呼气，这样可以将异物从鼻腔呼出。如果一次不见效，可以多次堵住一侧鼻孔及双耳，让气流强行从进入异物的那侧鼻孔呼出。如此呼吸，异物通常会被气流推出鼻腔。

2. 如果异物是纸团、棉花、纱条或菜叶等柔软带纤维的物体，教师可将小镊子从幼儿的鼻腔上方空隙处轻轻伸入，夹住异物后，方向朝下，慢慢地扯出来。

如果异物是纽扣、豆类、花生米和弹珠等圆形物体，教师可以找一个曲别针，将外圈打开，保留内圈的回形端，弯曲朝下，从鼻腔上方轻轻伸入到异物的后方，向下轻拨，慢慢地将异物钩出来。

不过，采用上述方法时，教师必须格外小心，不要弄伤幼儿的鼻腔黏膜，否则会引起黏膜出血。切忌将异物捅进气管口，否则会引起幼儿窒息甚至死亡。

教师如果觉得没有把握进行处理，应尽快拨打120，或求助于园医，请他们进行救护。

3. 一些幼儿在异物进入鼻腔后，因害怕教师批评而隐瞒情况，如果不太严重，时间一长他可能会忘记，待到出现单侧性鼻堵塞、鼻涕带血，甚至出现臭味时，才会被发现。出现上述情况时，教师应首先想到有鼻腔异物的可能。

异物长期刺激鼻腔，会导致鼻前庭皮肤有红肿症状，鼻腔内有脓性分泌物，黏膜肿胀，使异物包埋在黏膜与分泌物中，难以分辨。对此，教师应首先抽吸鼻腔的分泌物，然后再用生理盐水喷鼻，等看清异物具体是什么后再采用前面介绍的办法取出来。

如果异物比较大，且位置又比较深，不容易取出，教师应立刻送幼儿找园医或进入就近的医院，请医生治疗。

3 不要让幼儿误吞玩具零件

玩具是幼儿不可缺少的好朋友，但是幼儿因玩具致伤的事故时有发生，其中有些就是幼儿误吞玩具零件所致。

误吞玩具零件多见于1～4岁的幼儿。被误吞的玩具零件多进入消化道，以食道、胃部最多。小而圆钝的玩具零件一般可在24～72小时内经消化道排出体外，不会引起病症，而那些较大的或尖锐的零件，则难以顺利地通过消化道排出体外，可引起消化道梗阻、出血和穿孔等问题。一些有毒的可溶性材质的玩具零件在被消化道吸收后还会引起中毒，甚至危及幼儿生命。

幼儿误吞玩具零件是可以预防的，最重要的是要挑选适合幼儿玩耍的玩具。因此，教师在教育活动中要把好玩具关，注意以下几点：

1. 幼儿在各个年龄段存在较大的差异，教师要考虑到幼儿的智力发育及体能发展程度，为幼儿挑选不同的玩具。因为玩具在设计过程中是要考虑所针对的年龄段的幼儿特点，不在此年龄段的幼儿使用该产品可能会存在一定的危险性。

2. 在挑选玩具时，教师应仔细查看玩具使用说明是否规范和齐全，拒选"三无"产品。为此，教师要做到"四看"：

（1）看使用说明。使用说明往往是以标签挂牌的形式固定在玩具上，至少应包含产品名称、生产厂名、厂址和联系电话，主要材质或成分，执行标准代号，适用年龄范围和安全警示等。

（2）看手感。玩具内部填充料应充足、手感柔软、富有弹性、无异味，玩具外部应无毛边、手感光滑等等。

（3）看硬性元件。玩具上的小零件如眼睛、鼻子、嘴巴和小铃铛等饰物应结实、牢固，在幼儿玩耍过程中不易脱落。

（4）看组装程序图。无论是由成人组装玩具，还是由幼儿自行组装，都应附有组装程序图。

3. 以下是几类容易引起幼儿误吞危险的玩具，教师要拒选。

（1）响铃玩具

即一种摇晃起来叮当作响的塑料玩具，颜色鲜艳，声音悦耳，但是里面有很多颗小珠子。在玩响铃玩具的过程中，幼儿经常敲打玩具。当玩具出现裂痕、看到五颜六色的小珠子时，他们会以为是好吃的糖果，吞吃小珠子的可能性极大。

（2）重金属玩具

幼儿玩完玩具以后，若不洗手就拿东西吃，常会把含有铅的污染物吃进体内，造成体内的铅含量增加。

像油画棒、含漆的积木、有图案的气球或拼图之类的玩具有可能含有铅，有的玩具甚至铅超标，从而造成幼儿铅的摄入量增加。

（3）带电池玩具

含有可触及的小电池的玩具，若被幼儿放入口中，可能产生因吞食引起的肠道或呼吸道梗塞以及电池液泄漏带来的危险。

当幼儿不幸误吞玩具零件时，教师可采取以下急救措施：

1. 幼儿误吞玩具零件后，教师应先确定玩具零件的类型。若是尖锐的金属物，应先喝点生鸡蛋白（可以在胃中将金属物包裹住，防止刺穿胃），然后尽快就医；若是体积不大、圆滑塑料类型的东西，则无大碍，可以使其随大便排出，但教师要认真检查幼儿排出的大便，直至确认排出。

2. 如果幼儿年龄稍大，可让他趴在自己的膝盖上，头朝下，托其胸，连续用力拍其背部，使玩具零件从口中吐出。

3. 催吐。

将手指伸进幼儿口腔，按压舌根部，反复刺激咽喉部催吐。此法适用于玩具零件靠近喉部的情况。

4. 这种方法由美国医生海姆立克于 1974 年发明，简便易行，成功率较高。具体做法是：当幼儿被误吞的玩具堵塞气管时，教师用双臂从幼儿身后将其抱住，使其处于前倾位，头部略低，嘴张开。教师一手握拳，用拇指掌关节突出点顶住幼儿腹部正中线脐上部位，另一只手的手掌压在拳头上，连续快速向后、上推压冲击 6～10 次，注意不要伤其肋骨。如果无效，隔几秒钟后，重复操作一次。对于较小或已丧失意识的幼儿，可将其置于平卧位，然后两手交叉放在幼儿心窝处，用力迅速向上加压推挤。时刻注意异物是否已经冲出，冲出后检查呼吸与心跳。

5. 除少数带钩、太大或太重的玩具零件外，大多数诸如棋子、硬币、纽扣等玩具零件，都能随胃肠道的蠕动与粪便一起排出体外。为了防止玩具零件滞留于消化道，可多给幼儿吃些富含维生素的食物，如韭菜和芹菜等，以促进肠道的生理性蠕动，加速玩具零件的排出。

◆4 小心幼儿的喉咙被异物卡住

幼儿的喉咙被卡住的现象中，以被鱼刺、骨头卡住的情况最为常见。

一般情况下，鱼刺、骨头等异物最容易刺入的部位是幼儿的扁桃体下端、舌根等部位，枣核则容易卡在幼儿的食道中。

喉咙卡了异物，幼儿的咽部会感到刺痛和有异物感，异物较大的话，吞咽也会有困难。如果异物刺激幼儿的喉黏膜，则会引起剧烈咳嗽，并可能因反射性喉痉挛及异物阻塞而出现呼吸困难，甚至可能有不同程度的喘鸣、失音、喉痛等。更严重的是，如果异物较大，嵌在幼儿的声门上，则可能会造成幼儿窒息死亡。

鱼刺、骨头等异物卡住幼儿的喉咙时主要有以下几方面的症状：

1. 异物卡于食道颈段时，疼痛感多集中在颈根部或胸骨上窝处。异物位于食道中段时，疼痛感常放射至胸骨后及背部。如有合并感染，幼儿的疼痛感会较为剧烈。

2. 情况轻微的幼儿仍可进食少量流质或半流质食物；如情况较严重，幼儿则可能无法进食甚至张口流涎。

3. 被异物卡住后，可能会给幼儿带来并发症：

（1）食管穿孔。食管穿孔多为鱼刺、骨头随幼儿吞咽动作移动刺破食管壁引起，吞咽过程中进入食管的空气可从食管壁被刺破处外溢，潜入幼儿颈部皮下组织形成皮下气肿、纵隔气肿。在食管穿孔后 24 小时内开始治疗，死亡率低于 10%，超过 24 小时，死亡率则上升到 44%。

（2）气管食管瘘。若鱼刺、骨头嵌入压迫幼儿食管前壁可能导致管壁坏死，并累及气管后壁形成气管食管瘘，导致幼儿肺部反复感染。

（3）大血管破裂。鱼刺、骨头穿破幼儿食管并伤及主动脉弓或锁骨下动脉等大血管，可能引起致命的大出血。

当幼儿被异物卡住喉咙时，教师可采取以下措施来帮助幼儿。

1. 异物卡住幼儿喉咙时，教师应让幼儿不要慌张。不能采取让幼儿大口干咽饭团的办法将异物推压下去，因为这样做，细软的鱼刺或细小的骨头有可能侥幸被带进胃内，但大而坚硬的鱼刺、骨头有可能会因此越扎越深，甚至可能会刺破幼儿的食管或大血管，造成严重的后果。

2. 吃东西，把异物咽下去：

（1）可剥取橙皮，切成较小的块状，让幼儿含着慢慢咽下。

（2）用维生素 C 软化。细小鱼刺卡住幼儿喉咙时，教师町取维生素 C，片，让幼儿含服，徐徐咽下，数分钟后，鱼刺会被软化。

（3）饮橄榄核水。用橄榄核磨粉兑水让幼儿服下，可消除鱼刺。

（4）可用汤匙或牙刷柄压住幼儿的舌头前部，在亮光处仔细察看舌根部、扁桃体、咽喉壁等处，如果发现异物，用镊子或筷子夹出。幼儿咽部反射强烈、恶心剧烈难以配合时，可让幼儿做哈气动作，以减轻不适。

如上述方法无效，或处理后胸骨后疼痛，说明异物仍在幼儿喉管内。教师应让幼儿禁食，并尽快联系家长将幼儿送往医院治疗。

5　不要让异物进入耳道

耳道进入异物的临床症状依异物的大小、种类、位置的不同而不同。

玩耍中，幼儿有时会将豆粒、玩具上的小零件、小石头等小物件塞入耳内，昆虫也可飞入或爬入幼儿耳道，因此耳道异物可分为动物性、植物性及非生物性三类。

小而无刺激性的异物，如小石头、玩具小零件等可长期存留在耳道而无任何症状；较大的异物则可引起耳痛、耳鸣、听力下降、反射性咳嗽等症状。活的昆虫等动物性异物可在耳道内爬行蠕动，从而引起剧烈耳痛和耳鸣；而植物性异物遇水膨胀后，可引起植物性炎症，同时刺激、压迫外耳道引起胀痛。异物位置越深，症状越明显，靠近鼓膜的异物可压迫鼓膜，引起耳鸣、眩晕，甚至导致鼓膜及中耳损伤。幼儿园的教师应警惕孩子将异物放入耳中，以防耳膜受到损伤。

看到孩子把东西放进耳朵里切不可掉以轻心，如果处理不当，后果会很严重，因为异物留在耳朵里，会引起感染和长期损伤。因此，教师要确保幼儿玩的所有玩具都适合他的年龄段，并且要告诉他，往耳朵里塞东西是很危险的。

幼儿的外耳道进了异物，教师要保持镇定，尽量让孩子放松，然后根据不同的情况采用不同的办法：

1. 假如是豆类等光滑的异物，可用棉签蘸一点糨糊，然后慢慢伸进耳道与异物接触，待糨糊与异物粘住后，再轻轻取出来。

如果用这种方法不能将耳朵里的异物取出来，应去医院就诊。切不可鲁莽强取，以免伤及幼儿的耳道和鼓膜。

2. 如果是小虫子飞进了耳中，教师采取的简便而安全的方法是把孩子的头歪向小虫入耳的一边往外倒，虫子常可顺势飞出来。

如仍未见效，可将孩子快速带到黑暗处，用手电照耳朵，虫子见到光亮便会爬出来。或者往耳朵里滴几滴豆油或菜籽油，虫子怕油淹也会慢慢爬出来。如果小虫闷死在耳道里，可想办法慢慢掏出。实在不能使虫子飞出或爬出，应到附近医院由医生处理。

3. 如果是水进入耳朵，教师要把幼儿浸水的耳朵朝下，将脱脂棉揉成细长型，轻轻插入耳朵吸收水分。

6 幼儿抽筋要警觉

抽筋学名叫肌肉痉挛，是指肌肉突然、不自主地强直收缩的现象，会造成肌肉僵硬、疼痛难忍。

1. 抽筋通常可以分为夜间抽筋和中暑性抽筋。

夜间抽筋包括在任何静态的情况下，如睡觉时或静坐不动时所发生的抽筋。这种抽筋常发生的部位为腓肠肌和足部的一些小肌肉，有些是因为神经肌的自主性活动使脚产生活动。

中暑性抽筋，与脱水和体内电解质的平衡失调有关。这种抽筋最容易发生在天气炎热时运动的人身上。典型的中暑性抽筋是在炎热的环境下活动一两个小时后发生，甚至有时在活动结束后 18 小时内都有可能发生，且可能在持续几天内肌肉皆有不正常的现象。中暑性抽筋比较容易发生在手掌、手臂及腿部的大肌肉上。

2. 大多数研究认为，肌肉抽筋起因于神经或神经肌应激阈值降低，使得肌肉的神经行动频率突然增加，造成肌肉强直收缩。具体说来，以下几种情况比较容易引起抽筋：

（1）经过长时间运动，肌肉疲劳时仍持续运动。

（2）肌肉或肌腱轻裂伤。

（3）以不适当的姿势从事运动或肌肉协调不良。

（4）局部血液循环不良。

（5）水分和盐分流失过多。

（6）严重腹泻、呕吐或饮食中的矿物质（如镁、钙）含量不足。

（7）情绪过度紧张。

（8）环境温度突然改变。

当幼儿抽筋时，教师不要慌张，应利用平时学到的基本救助技术做一些必要的紧急处理。

抽筋发生时，教师要立刻让幼儿休息，然后轻轻按摩其抽筋的部位，并将抽筋部位的肌肉轻轻拉长。但拉长肌肉时，不可用力过猛，以免拉伤肌肉，造成二次伤害。经此处理后，教师要让幼儿多休息一段时间，不能立刻跑出去玩，否则仍有可能出现抽筋现象。

如果幼儿肌肉抽筋的时间比较长，教师可以用热敷或冷敷的办法来帮助其减轻疼痛，或在抽筋的部位喷洒或擦一些松筋止痛的药水或药膏。

如果幼儿再次发生抽筋，教师则需要考虑其是否是过度疲劳或脱水，如果是前者则要立刻让其停止活动，休息一会儿，如果是后者则要给幼儿补充水分和电解质。

3. 对于幼儿的抽筋，预防的功用是远大于紧急救助的。那么，如何预防幼儿抽筋呢？

（1）在做较长时间的运动之前、中、后，要记得给幼儿补充足够的水分和电解质。

（2）在日常饮食中，要培养幼儿不挑食的好习惯，这样幼儿才能摄取到足够的矿物质和电解质。具体来讲，矿物质可从牛奶、绿色叶类蔬菜等食物中摄取，而电解质则可从香蕉、柳橙、芹菜或一些低糖饮料中获得。

（3）运动前，要让幼儿穿比较宽松、轻便的衣服。

（4）运动前，要细心地检查幼儿鞋袜是否太紧。

（5）运动前，要带领幼儿做充分的热身运动和伸展操。要严格监督幼儿完成，不允许偷懒。

（6）不要训斥、责骂和批评幼儿，要让他们以放松的心情进行运动。

（7）运动前，教师可以给经常抽筋的幼儿一些特殊照顾，如给他们适当地按摩易抽筋部位的肌肉。

（8）冷天带领幼儿运动后，须马上做适当的保温，如立刻让幼儿换上干爽、保暖的衣服。

（9）对于一些容易抽筋的幼儿，如果是住宿的，教师可以在晚上睡觉前，叮嘱或监督他们做一些简单的伸展操，让易抽筋的部位得到伸展。

（10）禁止幼儿在通风不良或密闭的空间做长时间、激烈的运动。

幼儿如果经常抽筋，教师就需要仔细观察幼儿的日常生活、运动习惯，如他的饮食习惯、平日运动量、抽筋的部位、发生抽筋时的天气状况等，了解情况并综合后，找出抽筋的原因，并针对不同的原因做预防改善，以彻底解决幼儿抽筋的问题。

如果幼儿经常抽筋，但又找不出原因，教师就需要小心处理，可请家长带幼儿去看医生，做一个彻底的检查。

7 及时应对幼儿晕厥

晕厥也称昏厥，是由多种原因造成的一时性、广泛性的脑部供血不足所引起的意识丧失状态，可迅速恢复。幼儿期的晕厥常有下列几种原因与症状：

1. 这种晕厥常发生在清晨，大多由饥饿或胃肠吸收不良引起。例如，前一天进食过少或没进食，或发生高热、腹泻、呕吐等情况，容易出现低血糖，导致晕厥。

幼儿低血糖症状的主要表现是：身体软弱无力、面色苍白、恶心、出冷汗、神志恍惚，严重的可发生抽搐、昏迷。

2. 哭泣性晕厥常见于3岁以内幼儿，多在6～12个月时发病，表现为一阵哭吵之后，约15秒钟屏住呼吸；面部及口唇发紫、神志不清，哭吵停止后呼吸正常。这种晕厥也被称为"愤怒性惊厥"或"屏气发作"，它是一过性脑缺血和缺氧所引起的。

3. 心源性晕厥多见于紫绀型先天性心脏病幼儿，这些幼儿一般在哭吵或用力活动之后，由于心率加快，动脉血的含氧量迅速降低，造成突然脑缺氧而出现晕厥。教师还要警惕，幼儿不明原因的晕厥可能是患病毒性心肌炎所引起。

4. 单纯性晕厥在幼儿中比较常见。幼儿常因体质较差，在紧张、恐惧、疲劳过度或天气闷热并长时间站立时，会突然感到头晕、眼前发黑，似有小虫飞舞，并伴有恶心、面色苍白、出汗等反应，两腿发软而慢慢倒下，一过性意识丧失，醒后能回忆。

这种晕厥常由于迷走神经兴奋而导致血管调节功能障碍引发血压下降、心率减慢、脑血流减少所致。

幼儿如果经常晕厥，他们会产生很大的心理负担和紧张情绪。教师要注意稳定孩子的情绪，并及时救治。

晕厥是幼儿时期的常见急症，据美国一项流行病学调查表明，大约有15％的幼儿有过晕厥的经历。它严重地影响了幼儿的正常生活、生长以及身心健康。因此，教师应在平时注意加以防治。

1. 易晕厥的孩子一般每天饮水量都较少，因此，教师应让孩子多饮水。平时饮食注意益气补血，以补充孩子的血容量。

2. 为了预防晕厥的发生，在活动的时候，教师要避免让孩子长时间站立或从坐位突然变成站立位，避免给孩子精神上的突然刺激，避免让孩子长久在特别闷热的环境下活动。

3. 直立训练可以锻炼孩子的耐受力，具体方法是让孩子每天坚持直立，但是身体别贴在墙上。教师要在旁边看护，时间可以渐加，如从每天 5 分钟，坚持一段时间到每天直立 10 分钟。

晕厥发生前，多有头晕、恶心、心慌、眼前发黑等症状，然后面色苍白、出冷汗，这时，教师应先把孩子放到平坦、较宽敞的地方，如大床上或地板上，使其头偏向一侧，同时解开其衣领，使其保持呼吸道通畅。如果孩子能快速醒过来，教师可拿些凉开水让他喝，然后通知家长将孩子送到医院治疗。

如果孩子没有醒，教师可用拇指掐压孩子的人中穴，同时取一筷子，外面包一层清洁的布或纱布，横插在孩子嘴中，以防止孩子舌咬伤以及舌后坠引起的窒息。但如果孩子已咬紧牙关，则不宜强行撬开。还要及时清除孩子口腔内的分泌物，以防止分泌物堵塞气管引起窒息。如果发现孩子精神不好要及时测体温，若有发热要采取降温措施。可取一条冷湿毛巾大面积敷于孩子额头，5～10 分钟换一次，如有冰敷带或酒精则更好。冰带敷额，酒精擦额部、腋下、大腿内侧等大血管处，利于迅速散热降温。之后，通知校方和家长，送孩子到医院医治。

8　避免高空坠物致幼儿伤亡

从建筑物中抛掷物品或者从建筑物上坠落的物品造成他人损害，难以确定具体侵权人的，除能够证明自己不是侵权人的外，由可能加害的建筑物使用人给予补偿，这条"高空坠物条款"被称为"高空抛物连坐法"。

这一意外事故的发生，说明学校应当对高空坠物造成的人员伤亡加强管理。学校应当全面清理各类校园高空构筑物，对空调外机、宣传指示牌、室外天线、老旧牌匾等户外设施以及墙面突出标志进行清查，及时加固；做好校园内的大树、老树维护，特别要注意对行道树以及幼儿活动区域的老树大树及时修剪、加固；注意校内简易工棚、简陋车棚、建筑外贴面的清理整治，及时消除问题隐患；如果在校园内进行施工建设，应当和施工单位一起采取防范措施，与幼儿活动区域采取有效隔离，避免幼儿闯入施工区域。

1. 《中小学幼儿园安全管理办法》第 4 条规定，学校安全管理工作主要包括：

（1）构建学校安全工作保障体系，全面落实安全工作责任制和事故责任追究制，保障学校安全工作规范、有序进行；

（2）健全学校安全预警机制，制定突发事件应急预案，完善事故预防措施，及时排除安全隐患，不断提高学校安全工作管理水平；

（3）建立校园周边整治协调工作机制，维护校园及周边环境安全；

（4）加强安全宣传教育培训，提高师生安全意识和防护能力；

（5）事故发生后启动应急预案、对伤亡人员实施救治和责任追究等。

根据《中小学幼儿园安全管理办法》第 27 条规定，学校应当建立安全工作档案，记录日常安全工作、安全责任落实、安全检查、安全隐患消除等情况。安全档案作为实施安全工作目标考核、责任追究和事故处理的重要依据。在事故发生后，应当及时对受伤人员进行急救，在校医院没有条件医治时，应当及时送往附近的大医院救治。学校相关人员对事故有过错时，应当追究其责任。

2. 要让幼儿树立安全防范的意识，尽量不要在有高空危险物的场所逗留，学会自我保护，提高防范能力。不要进入学校施工区域，特别是遇有大风暴雨等恶劣天气，在较高建筑附近行走时应快速通过，禁止在树下避雨。提高警觉性，意识到高空坠物时，应及时用身边物件，如书包等保护头部。

另外，根据《中小学幼儿园安全管理办法》第 46 条规定，幼儿监护人应当与学校互相配合，在日常生活中加强对被监护人的各项安全教育。学校鼓励和提倡监护人自愿为幼儿购买意外伤害保险。

9 杜绝校舍倒塌造成的恶性事故

除了学校领导承担刑事责任外，学校还应负民事损害赔偿责任。本案属于由于学校疏忽或过失，未尽到相应的教育管理与保护的职责与义务，而造成的学校安全责任事故。对于学校安全责任事故，学校应对伤亡幼儿和其家属承担损害赔偿责任。

同时，我国对未成年人有特殊保护，《未成年人保护法》规定，学校不得使未成年幼儿在危及人身安全、健康的校舍和其他教育、教学设施中活动；未成年人合法权益受到侵害的，被侵害人或者其监护人有权要求有关主管部门处理，或者依法向人民法院起诉。

依据我国《民法通则》和《最高人民法院关于确定民事侵权精神损害赔偿责任的若干问题的解释》以及其他相关法规的规定，学校应当赔偿伤亡幼儿的医疗费、营养费、护理费、交通费等；赔偿残疾幼儿的残疾补助费；造成死亡的，应当赔偿丧葬费、死亡补偿费等。

为了把校园建设成为幼儿最安全、家长最放心的地方，学校应当采取以下措施：

1. 学校选址应避开地震危险地段、泥石流易发地段、滑坡体、悬崖边及崖底、风口、洪水沟口、输气管道和高压走廊等。建设时应当接受社会监督，技术标准、实施方案、工程进展和实施结果等向社会公布，所有项目公开招投标，建设和验收接受新闻媒体和社会监督。

2. 根据《中小学幼儿园安全管理办法》第18条第1款规定：学校应当建立校内安全定期检查制度和危房报告制度，按照国家有关规定安排对学校建筑物、构筑物、设备、设施进行安全检查、检验；发现存在安全隐患的，应当停止使用，及时维修或者更换；维修、更换前应当采取必要的防护措施或者设置警示标志。

根据《中小学幼儿园安全管理办法》第62条规定：学校不履行安全管理和安全教育职责，对重大安全隐患未及时采取措施的，有关主管部门应当责令其限期改正；拒不改正或者有下列情形之一的，教育行政部门应当对学校负责人和其他直接责任人员给予行政处分；构成犯罪的，依法追究刑事责任：①发生重大安全事故、造成幼儿和教职工伤亡的；②发生事故后未及时采取适当措施、造成严重后果的；③瞒报、谎报或者缓报重大事故的；④妨碍事故调查或者提供虚假情况的；⑤拒绝或者不配合有关部门依法实施安全监督管理职责的。

《中华人民共和国民办教育促进法》及其实施条例另有规定的，依其规定执行。学校无力解决或者无法排除的重大安全隐患，应当及时书面报告主管部门和其他相关部门。因此，学校应当组织相关职能部门定期对学校建筑进行安全检查，检查的范围为学校教学用房、办公用房、生活用房，其中包括道路、围墙、食堂、配电房、实验室、电脑室、仓库、车棚等各项建筑设施。校舍安全检查要做到制度化、规范化、严格化，要做到定期检查和突击检查相结合，全面检查和重点检查相结合。在正常情况下，学校应每学期对校舍进行一次全面性的安全检查；对一些年久失修的旧房要进行重点细致的检查；在风、汛、雨季要进行突击性的检查；每次安全检查均应做好书面文字记录，作为校舍档案保存备查；校舍安全检查应邀请当地城建部门有经验的工程技术人员参与。

3. 发现结构损坏、蛀虫、腐烂或其他重大险情的应及时书面报告上级有关部门，及时研究落实维修措施；对经技术鉴定为危房的，一律封房停用，并及早采取断然措施，消除祸患。

4. 应当制订紧急预案，成立学校校舍倒塌应急工作领导小组，全面负责本校校舍倒塌应急工作，进行救助、疏散知识的宣传教育，提高单位应急意识和抵御校舍倒塌灾害的能力，根据《中小学幼儿园安全管理办法》第42条的规定，学校可根据当地实际情况，组织师生开展多种形式的事故预防演练。学校应当每学期至少开展一次针对洪水、地震、火灾等灾害事故的紧急疏散演练，使师生掌握避险、逃生、自救的方法。

《中小学幼儿园安全管理办法》第10条规定：建设部门对学校安全工作履行下列职责：加强对学校建筑、燃气设施设备安全状况的监管，发现安全事故隐患的，应当依法责令立即排除；指导校舍安全检查鉴定工作；加强对学校工程建设各环节的监督管理，发现校舍、楼梯护栏及其他教学、生活设施违反工程建设强制性标准的，应责令纠正；依法督促学校定期检验、维修和更新学校相关设施设备。因此，学校应当积极与建设部门配合，按照建设部门的要求做好学校安全工作。

在发生校舍倒塌事件后，为了迅速、有序有效处理好事故，及时消除连带隐患，尽量减少人员伤亡及财产损失，学校有关部门或校舍倒塌应急工作领导小组应全面负责本单位校舍倒塌应急工作，按各自的职责投入救灾。

1. 校舍倒塌发生后，指挥幼儿有序疏散。以方便疏散为原则，将各楼层、各教学区划为几个区域，划定疏散路线、顺序，设置标志。立即向当地政府、教育局汇报，凡是校园内发生突发事故灾难和紧急重大事件，各级教育行政部门和学校在做好应急处置的同时，必须在接到确切消息后及时上报上级主管部门。对安全工作不到位、造成责任事故的，发生事故瞒报、漏报的，以及不及时报告导致损失扩大的，要严肃查处，追究直接责任者和有关领导的责任，同时拨打110、120电话请求援助。

2. 后勤部门保障应急指挥方面所需的交通、通讯工具，设置明显疏散路线标志和照明设施等。要准备足够的防寒、防雨物品，食物及生活必需品等。负责组织对被困人员进行救助，并转送至安全地带。

3. 做好重要部门的安全保卫工作，避免哄抢和人为破坏。

医护人员要储备一定数量的急救药品和器材，并做好临时抢救所需的药品、器材、场地、人员的准备工作，对受伤人员进行救治。

校舍倒塌时，在校舍内的幼儿记住千万不能乱跑，应当用书包护住头部，抱头、闭眼，躲在课桌或结实的物体底下。倒塌后，应当听从老师的指挥，迅速地按照秩序从离自己最近的安全出口离开现场，撤离到安全的地方。如果不幸被埋在了建筑废墟内，不要慌张，沉着冷静，要尽量减少运动量，保存体力，消除恐惧心理，保持积极的心态，耐心等待救援。

10　防止文具变成伤人凶器

现在的许多文具商为了吸引小孩子的注意，做了很多花样文具，比他们的玩具还要可爱，但是同学们一定要知道，文具是学习用品，不能用来玩耍。玩铅笔、钢笔或圆珠笔，笔尖比较锋利，很容易扎伤自己或者同学。除了笔之外，幼儿在学习生活中也会常用到圆规、裁纸刀、剪刀等文具，这些文具锋利、尖锐，使用不慎，就可能造成伤害。

幼儿身边的小文具，虽然一直都是他们日常学习中不可分离的好伙伴，可是一旦使用不当，就有可能成为伤人的武器。

虽然事故发生在课下自由活动时间，但是学校在知情后善后处理不当，存在过错。作为一名老师，应当意识到铅笔尖扎进眼睛后可能会产生的严重后果，听到幼儿的反映后，应当立即送受伤幼儿到校卫生室由保健医生检查后视情况进行救治，同时应当通知家长，请家长协助予以治疗。

学校作为正常管理人，对幼儿在校期间所发生的有关情况具有注意和及时向监护人报告的义务。所以，教师应当对幼儿进行相关安全教育，指导幼儿正确使用文具。

1. 在使用这些文具时应当注意力集中，不用刀具比画、打闹，更不能拿着互相开玩笑，以免误伤别人或自己。暂时不使用时，要妥善保存起来，放在安全稳妥的地方。

2. 平时要注意保持好的整理习惯，用完文具要及时收起来，不要将文具散放在外面，不要使刀具的尖和刃部突出、暴露在外，以防止刀具被碰落而伤人或者有人不慎触碰而受伤。

如果不慎被文具扎伤了，不论伤到哪里，都应该及时告诉老师，不要自行处理，以免造成更大的危害。

11 鼻子出血要紧急处理

流鼻血医学上称为"鼻衄"，这在 3 岁以上的幼儿中是常见现象。鼻子出血与鼻子的生理构造有关系。鼻子有两个鼻腔，由鼻中隔分开，鼻腔内有一层黏膜，在鼻中隔前下方有一个医学上称为李氏区的部位，这个部位黏膜很薄、毛细血管丰富，当外界气候环境变化、空气压力改变、孩子玩耍不慎碰伤、因鼻塞而用力挖鼻孔或者孩子鼻子痒而揉鼻子时，就很容易出现鼻出血。

下面具体分析一下引起幼儿鼻出血的主要原因：

1. 过敏性鼻炎是一种慢性病，常年的慢性炎症反复刺激，更容易使局部毛细血管增多、黏膜变薄，形成一个容易出血的基础环境。过敏性鼻炎有两大症状，一个是鼻塞，另外一个就是鼻痒。当鼻子堵塞严重，影响通气的时候，很多孩子就选择挖鼻孔，试图打开一个缝隙，如果孩子的动作较大，弄伤鼻黏膜的血管，鼻子会出血，鼻腔出血以后就会减轻毛细血管的肿胀和压力，孩子的鼻子堵塞就会缓解。鼻子痒也是一样的道理，如果鼻子痒得厉害，孩子就会使劲地揉搓鼻子，动作大的时候，就会弄伤鼻黏膜的血管，鼻子就会出血，出血以后血液会湿润鼻腔的局部，鼻痒也会得到部分缓解。有时鼻血倒流进入气管，刺激气管将鼻血咳出来，也会出现痰中带血现象。

2. 当气候干燥多风时，鼻黏膜分泌的液体挥发较快，鼻腔容易干涩发痒，加上一般孩子都有挖鼻孔的不良习惯，一旦挖伤毛细血管，导致鼻黏膜的血管破裂，就会发生鼻出血。

3. 最常见的血液病就是血小板减少性紫癜，其次就是白血病、再生障碍性贫血。这样的出血也很有特点，就是经常出血、连续不断，量从少到多，不容易止血，甚至出现大出血导致休克。

4. 跌伤、碰伤，鼻腔中有异物，或者咳嗽、打喷嚏、用力擤鼻涕等外力，都可能损伤鼻黏膜引起鼻子出血。

5. 发热时心率加快、血液流速快、小血管处于扩张状态，加上发热时进水量少、出汗多，在口干舌燥的情况下，鼻子易出血。

6. 秋天，早、中、晚温差变化较大，一会儿热、一会儿冷，鼻内毛细血管为了适应外界气温的变化，也就出现一会儿扩张、一会儿收缩的状态，幼儿鼻内毛细血管娇嫩，难以适应这种变化，常因此导致鼻内毛细血管破裂而出血。

7. 如果孩子缺乏维生素 C、维生素 K、维生素 P 等，鼻子也很容易出血。

此外，有遗传性出血性毛细血管扩张症的孩子也常发生鼻出血。总之，引起孩子鼻子出血的原因有很多，如果不能及时给予治疗，任其发展，将会对孩子的健康带来严重的后果，如鼻黏膜萎缩、贫血、记忆力减退、视力不佳、免疫力下降，甚至会引起缺血性休克危及生命。因此，当孩子鼻子出血的时候，教师一定要重视。

当遇到幼儿鼻子出血的情况时，教师应做以下紧急处理：

1. 安慰孩子，让其安静躺着或坐着。让孩子头略低，张口呼吸，捏住鼻翼，一般压迫5～10分钟可止血。前额、鼻部用湿毛巾冷敷。

需要注意的是，鼻出血时，千万不要让孩子仰头或仰卧，否则会使鼻内血液向后流至口咽部，看起来好像鼻出血少了或不流了，其实，血都经后鼻孔流到口咽部而咽到胃里去了，这种假象容易使人失去警惕而耽误治疗，如发生休克可危及生命。若自鼻孔流出的血已不多，但孩子有频繁的吞咽动作，一定要让他把"口水"吐出来，若吐出的为鲜血，说明仍在出血，要及时送医院处理。鼻后部出血难用一般的止血方法止住，若大量失血，十分危险。

2. 如果出血量大，或用上述方法不能止血时，可采用压迫填塞的方法止血。具体做法是用脱脂棉卷成如鼻孔粗细的条状，向鼻腔充填。填压要紧，因为压迫过松达不到止血的目的。若有麻黄素滴鼻液，可把药洒在棉卷上，止血效果会更好。

3. 止血后，2～3小时内不要让孩子做剧烈运动。

4. 若经处理，仍出血不止，教师应立即通知学校和家长，带孩子去医院处理。

如果孩子常发生鼻出血，而且皮肤上常有淤斑，小伤口出血也不易止住，就应让家长带孩子去医院做全面检查，因为鼻出血可能是全身疾病的一种表现。有这种出血倾向的病儿，发生鼻出血一般难以止住，应尽早送医院诊治。

12　突然休克要急救

休克是以微循环血流障碍为特征的急性循环功能不全综合征。大出血、严重烧伤、触电、剧烈呕吐或频繁腹泻脱水、药物过敏、严重的心脏病等均可引起休克。

根据病因不同，一般将休克分为感染性休克、低血容量性休克、心源性休克、过敏性休克和神经源性休克。

1. 感染性休克是在患者严重感染的基础上，多种因素相互作用的结果，既有体液因子的作用与细胞功能的损害，也有微循环障碍的变化，共同形成错综复杂的病理生理过程。

2. 低血容量性休克多由于失血、失体液，使血容量急剧减少所致。

3. 心源性休克则由于心脏泵血功能失常，使血输出量急剧降低引起。

4. 过敏性休克是外界抗原性物质进入体内后所产生的全身性强烈反应，导致血管扩张、通透性增加，血浆渗出、循环血量急剧减少而致。

5. 神经源性休克发生于剧烈疼痛引起的血管扩张、微循环淤血、有效循环血量急剧减少时，因创伤时多见，故又称创伤性休克。

流行性脑膜炎、中毒型痢疾、大叶肺炎、出血性肠炎、败血症等；大量失血、脱水；大面积烧伤、烫伤；严重外伤，特别是颅脑损伤、挤压伤；药物中毒、毒物中毒、过敏等，都会引起幼儿休克。教师要尽量了解幼儿的健康状况，多掌握一些必要的医学常识和救护知识，争取早发现、早治疗，防止严重后果的发生。

休克虽然由各种不同原因引起，但它们的症状基本上是相同的，主要是由于器官和组织缺血引起，如脸色苍白、四肢发冷、全身无力、口渴、出冷汗、呼吸急促而浅、小便减少、有时呕吐、精神不振、体温降低、血压下降，如果未及时抢救，患儿就逐渐进入意识不清的状态而死亡。教师应时刻关注患儿的表现，以防患儿因休克而发生不测。

当幼儿突然休克后，教师不要多搬动，要让患儿平卧，解开其衣服。患儿周围空气要保持流通，环境要保持安静。脸色苍白的幼儿，卧时应把头放低，注意保暖，让幼儿服一些温糖开水或淡盐水。可用针刺或用手指压嘴唇正中穴（人中穴）使之苏醒，在抢救的同时将患儿送到医院急救。

13 杜绝意外窒息的情况发生

窒息是指人体的呼吸过程由于某种原因受阻或异常所产生的全身各器官组织缺氧、二氧化碳潴留而引起的组织细胞代谢障碍、功能紊乱和形态结构损伤的病理状态。当人体严重缺氧时，器官和组织会因为缺氧而广泛损伤、坏死，尤其是大脑。

幼儿意外窒息指因各种意外原因引起呼吸道部分或完全堵塞，影响正常的气体交换而导致的缺氧，严重者可导致死亡。

幼儿意外窒息的症状主要有：呼吸极度困难，口唇、颜面青紫，心跳加快但微弱，患儿处于昏迷或者半昏迷状态，紫绀明显，呼吸逐渐变慢而微弱，继而不规则直到呼吸停止，心跳随之减慢而停止，瞳孔扩散，对光反射消失。

幼儿意外窒息多由以下因素引起：

1. 因机械作用引起呼吸障碍，如缢、绞、扼颈项部，用物堵塞呼吸孔道，压迫胸腹部以及患急性喉头水肿或异物吸入气管等造成的窒息。特别是幼儿在玩耍、哭闹或大笑时进食容易将异物吸入咽喉、气管或鼻腔等呼吸道而造成窒息，这些异物包括饭菜、果冻、糖果、气球、硬币以及瓶盖等。

2. 中毒性窒息主要指一氧化碳中毒。大量的一氧化碳通过呼吸系统进入血液，与血红蛋白结合成碳氧血红蛋白，阻碍了氧与血红蛋白的结合与解离，易导致组织缺氧而窒息。

3. 病理性窒息是指幼儿溺水或肺炎等引起的呼吸功能的衰竭，以及由脑循环障碍引起的中枢性呼吸停止。其症状主要表现为二氧化碳或其他酸性代谢产物蓄积引起的刺激症状和缺氧引起的中枢神经麻痹症状交织在一起。

要避免幼儿窒息的情况发生，在预防幼儿意外窒息上，教师可以参考以下措施：

幼儿床上最好不挂玩具，如果要挂，绳子不宜过长；教师应建议家长最好给孩子穿拉链衫，如果穿纽扣衫，则要时常检查纽扣是否松动；应建议家长去掉孩子衣服上的装饰物；幼儿吃东西时，教师应要让他们保持安静，并认真看护，让他们坐直认真吃，不要边跑边吃，或者一边看电视、讲话一边吃；幼儿吃东西时，教师应保证他们触手可及范围内没有小颗粒物，如玩具零件、花生粒、葡萄等；经常查看幼儿的玩具，看是否有部件或碎片脱落；学习简单的意外窒息急救方法。

在日常管理中，教师应该细心观察幼儿，如有幼儿出现意外窒息时应及时做出相应处理。

假如幼儿没办法呼吸、咳嗽或说话，就必须马上采取以下急救措施：

1. 应立即让幼儿侧卧，检查幼儿口腔及咽喉部，如果发现有异物阻塞气道，可试着将手指伸及异物处将异物取出。

如果取异物未成功或在口腔及咽喉部均未发现异物，教师则应迅速将幼儿倒置或头朝低处俯于自己的大腿上，在幼儿背部两肩胛骨间的脊柱部位用掌根以适当的力量拍击数下，异物有可能会松动以减轻气道阻塞程度，甚至异物可能被咳出；或从幼儿身后将其抱住并使其头和胸部朝下，双手握拳放在幼儿腹部正中顶端，然后突然向上用力，使气流猛然从气管中冲出，将异物排出。

2. 假如幼儿已经无意识、无反应，也没有呼吸，应赶快向医院求救，并开始急救。在采用上述方法清除阻塞物后，先让幼儿躺下，抬高他的下巴，捏住他的鼻子，然后再做一次人工呼吸，同时配合胸外心脏按压。

14 做好防护措施，防中暑昏倒

中暑又叫热射病，是人在烈日下或高温环境里，体内热量不能及时散发，引起机体体温调节发生障碍，或因大量出汗使体内电解质大量流失，血液浓缩、黏稠度增高，以致皮肤与肌肉内血管扩张引起血压下降、脑部缺血的一种突发病症，轻者数小时后即可恢复，重者可能死亡。

根据临床症状的轻重，幼儿中暑可分为先兆中暑、轻症中暑和重症中暑，它们是渐进的。

1. 高温环境下，出现头痛、头晕、口渴、多汗、四肢无力发酸、注意力不集中以及动作不协调等症状，体温正常或略有升高。

2. 体温往往在 38 摄氏度以上，除头晕、口渴外，往往有面色潮红、大量出汗和皮肤灼热等表现，或出现四肢湿冷、面色苍白、血压下降和脉搏增快等症状。

3. 重度中暑是中暑中情况最严重的一种，如不及时救治将会危急幼儿生命。重度中暑又可分为四种类型：热痉挛型、热衰竭型、日射病型和超高热型。

（1）热痉挛型：多发生于大量出汗及口渴，饮水多而盐分增补不足致血中氯化钠浓度急速显著降低时。幼儿肌肉会泛起阵发性的疼痛和痉挛。

（2）热衰竭型：主要表现为头晕、头痛、恶心呕吐、腹痛、面色苍白、乏力及肌肉痉挛以及运动失调等，可能出现晕厥现象。由于高热、大量出汗，幼儿体液中水与氯化钠大量丧失，呈现严重脱水状。尿少、舌干、脉搏加快和血压下降，迅速发生虚脱或休克，还可能先后并发DIC（弥散性血管内凝血）及急性肾功能衰竭等。

（3）日射病型：这类中暑是由于直接在烈日的暴晒下，强烈的日光穿透头部皮肤及颅骨引起脑细胞受损，进而造成脑组织的充血、水肿。由于受到伤害的主要是头部，所以，最开始出现的不适是剧烈头痛、恶心呕吐、烦躁不安，继而可导致昏迷及抽搐。

（4）超高热型：在以下两种情况下会出现超高热，一是在高湿闷热环境下突然发生高热；二是在急性感染情况下，对高热的护理不当，采用增加衣被使之发汗以求达到"退热"的目的，结果反使热度急剧升高，体温可达 40 摄氏度以上。这一类患病幼儿表现为无汗、皮肤干燥灼热，并有烦躁、面色苍白以及心跳呼吸加速等反应，甚至出现痉挛或晕厥，进入昏迷状态。

教师防止幼儿中暑的有效方法主要有以下几种：

1. 教师应根据气温环境的变化给幼儿合理增减衣服，天热的时候应让幼儿少穿一点，不能因为幼儿太小、抵抗力弱而让他们穿得过多。

2. 幼儿活动多时，教师应鼓励他们多饮水，可以让他们饮用少量淡盐水。如果幼儿不太爱喝水，教师也不用过于着急，可以建议幼儿园食堂给幼儿煲一点能清凉解暑的绿豆汤，让幼儿随时饮用，还可以让幼儿适当多吃一些含水量高的青菜和水果等。

教师还应有意控制幼儿喝饮料，更不能以饮料代水。专家认为，幼儿最好喝白开水，因为纯净的水是各种营养物质的溶解媒体，有利于孩子各种营养成分的吸收。同时，专家还提醒教师注意，不要给幼儿喝太多冰水，因为大量喝冰水容易引起胃黏膜血管收缩，不但影响消化，甚至有可能引起肠痉挛。

3. 在室内，教师应尽量打开窗户，以保持通风。外出活动时，教师最好随身携带防晒霜、帽子、凉鞋或凉拖鞋、爽身粉、充足的水和太阳镜等。帽子最好是帽檐很大可以遮住幼儿的耳朵和脖子的那种。爽身粉意在保护皮肤，但不能扑过多的粉在幼儿身上，以免被吸入，影响其呼吸系统。

4. 教师可以准备一些必备防暑药，如藿香正气水（丸）、仁丹、清凉油、十滴水、风油精和六一散等。

如果教师发现幼儿出现中暑情况，应及时采取如下应急措施：

1. 尽快将幼儿移到阴凉处，脱去幼儿衣物并帮助散热，注意保持幼儿呼吸道通畅。

2. 先用温水然后再用冷水毛巾擦洗幼儿全身，对于体质较好、年龄偏大的幼儿也可用井水、冰水或酒精（浓度为 35%）浸湿毛巾擦浴，并不断按摩其四肢，以加强血液循环。在擦浴时，教师应用电风扇吹风，在头部、额部、两侧颈部以及腋下及腹股沟处放置冰袋，并注意观察有无其他反应。降温过程不可操之过急，以免影响幼儿的身体。

3. 每隔 10～15 分钟给幼儿喝一点清凉饮料，注意饮料不能含咖啡因，如果幼儿有呕吐或意识不清的情况不要喂。

4. 尽快让幼儿的体温降下来，但是要小心不要降得太低。假如体温又上升，再重复前述降低体温的方法，还可以用电扇及空调等降低环境温度。

5. 幼儿重症中暑后，教师应尽快向医院或专业人士求助并采取措施。在进行抢救后，教师应将幼儿送往医院做进一步的治疗，促进其恢复。

第二章　应对突发事件，要紧急处理

突发性事故是通常发生在人们意料之外的、在瞬间造成人身伤害的或给人身伤害留下隐患的事故，如摔伤、碰伤、挤伤、烫伤、走失、被拐骗等。但是在幼儿园里的突发性事故却频频发生，意外伤害已成为影响幼儿健康成长的第一杀手。往往这些突发性的事故却都是由于大人小小的疏忽而造成的，要知道一个小小的疏忽都可能会给幼儿造成伤害，幼儿园必须把保护幼儿的生命和促进幼儿的健康放在工作的首位。

15 午睡要上心，防止幼儿掉下床

幼儿没有危险意识，自身的动作控制能力还不够成熟，在床上玩要或者下床时被其他幼儿干扰就很容易掉下床。没有养成良好的睡觉习惯，睡觉不老实或做噩梦受到惊吓等，都可能导致摔下床。

幼儿午休的时候，一些教师认为此时幼儿不用再照顾，就去做别的事情；有些教师认为，幼儿园的床低，掉下床后只要身上没出血就无大碍，所以平时也没做什么预防措施。

一些幼儿园购买的床不适合幼儿使用，安放的位置也不合理，或者床边有很多突出的扶栏，以致幼儿上下床被绊倒摔下。

安全才是硬道理。由于幼儿正处于活泼好动的年龄阶段，容易发生意外，因此安全是教师应重点考虑的问题。那么，生活中，教师该如何防止幼儿掉下床呢？

1. 确保幼儿床位的牢固和稳定。幼儿喜欢在床上跳上跳下，教师要确保床是牢固的，没有倒塌的危险；应挑选结实耐用的床，还要定期检查床的各个接合处是否牢固，特别是用螺丝连接的床，螺丝钉很容易松脱，发现松脱要及时拧紧。幼儿睡觉时，教师要经常检查幼儿床的扶手、梯子是否牢固，发现异常情况及时上报并进行维修或更换。

2. 根据幼儿的情况选购适合幼儿的床。床不要太高，应该有围栏，栏杆高度要适宜。矮床方便幼儿上下，而且万一不小心从床上滚落，也不会受到严重伤害。

3. 把床放在安全的地方。不要把幼儿床摆放在靠近窗台、暖气或壁灯的地方，床上也不要安装遮光不透气的床帏。为了防止幼儿从床与墙壁之间跌落，被夹在缝隙里面，床头要顶着墙，如果床是顺墙摆放，床沿与墙壁之间最好不留缝隙。

4. 床周围要设置安全地带。可以在床周围放上比较软的地毯或泡沫垫等，这样即便幼儿从床上掉下来也不会出现严重的损伤。热水瓶、桌子等危险物品不要放置在床周围，以免幼儿掉下被碰伤。

5. 幼儿喜欢在床上蹦跳，这样很容易从床上摔下来，每次安排幼儿就寝时，教师应阻止幼儿在床上做一些危险动作，并告诉他们这样做可能导致的后果，让他们安全入睡。

6. 午检、如厕后，教师应组织幼儿有秩序地上床，禁止幼儿之间打闹、推搡，以免发生意外。

7. 幼儿午睡期间，教师要每隔 20 分钟全面检查一次，为幼儿盖被子、纠正幼儿不正确的睡姿；对于患病幼儿要将其床位安排在明显位置，便于照顾；发现有异常表现的幼儿时，教师要注意保护。

对午睡期间如厕的幼儿，教师要及时协助其上下床，不得让幼儿自己上下床，以免发生危险。

很多幼儿都有从床上掉下的经历，只要掉下之后幼儿能够大声地哭出来，说明幼儿的意识是清醒的，教师不必太担心，但是也不能大意，应该及时检查幼儿的受伤情况。日常生活中，发生幼儿掉下床的情况，教师可采用以下急救处理方式。

1. 幼儿掉下床后，应先检查有无外伤，不要匆忙地将幼儿从地上抱起，检查后抱起的时候要端平轻缓，切忌动作过猛，以免导致其他伤害。

2. 观察幼儿是否大哭，是否有呕吐、昏迷等症状。检查幼儿是否有意识。幼儿如果摔下床后能够马上大哭，一般脑部受伤的可能性较小。

3. 检查幼儿头部是否受伤，有无肿块或者流血。如果幼儿摔后立即大哭，头部受伤部位有肿胀，教师应及时冰敷幼儿的受伤部位，缓解疼痛，一般需要敷 20 分钟左右，这样做还可减轻肿胀。

4. 检查幼儿四肢的活动情况。如果无异常，可以让幼儿玩玩具来活动肢体。如果幼儿手脚不能动，一碰就哭，可能是骨折或脱臼。

5. 如果幼儿是面部朝下摔倒，一般危险性较小，教师可通知幼儿园的医护人员来处理外伤，事后向家长解释。

6. 如果幼儿的皮肤被摔破，教师首先要查看擦伤的地方是否干净，并及时进行消毒处理。

7. 如果幼儿头部或手脚出血，教师可用消毒纱布轻轻压住伤口，直到停止流血。可以在伤口涂一些止血、消炎的外用药，或把创可贴贴在伤口上。如果幼儿年纪太小，或者出血不止、伤口上有脏东西，止血后要立即带幼儿到幼儿园医护室检查。

8. 安抚好其他幼儿，避免同室的幼儿因惊慌而掉下床。

9. 若幼儿呕吐，要告知园长并立即叫救护车，并让幼儿侧躺，避免呕吐物堵塞气管。

10. 当幼儿出现无意识、持续呕吐、痉挛等症状时，要马上叫救护车。不要移动幼儿，让其保持平躺直到救援人员到来。

11. 如果检查没什么事也不要让幼儿立即睡觉，先逗逗他，转移一下他的注意力，观察有没有后续的变化。很多情况下幼儿摔下床后症状要1～2天才表现出来。

16 从高处坠落，发生骨折麻烦大

近年来，幼儿坠落事件日趋增多。资料显示，幼儿坠落伤害约占全部坠落伤害事故的28％。幼儿坠落伤害是指在日常生活中，幼儿从高处坠落，受到高速的冲击力，使身体的组织和器官遭到一定程度破坏而引起的损伤。如今高层楼房逐年增多，有的阳台、门窗、楼梯缺乏防护装置，幼儿从高处坠落事故时有发生。

幼儿坠落的原因主要有以下几个：

1. 教师方面的原因。教师警觉性不高，照顾不周，监管不力，导致幼儿坠落。

2. 幼儿园方面的原因。幼儿园的一些设施安排不科学，室内结构和布局不合理，大型玩具不合格或年久失修，导致幼儿坠落受伤。

3. 幼儿方面的原因。随着幼儿的逐渐成长，他们的自主活动也将增多，特别是性格活泼的幼儿，他们好奇心强，喜欢爬高，但是自我保护能力差，易发生意外。

教师如能掌握有关坠落伤害的发生规律与特点，采取相应的防护措施，可有效降低幼儿坠落事件的发生几率。预防措施有以下几种：

1. 防止幼儿坠落，关键是要增强幼儿的安全意识。教师要告诉幼儿不要爬上窗台和阳台，不要独自在阳台上玩耍。可以尝试多种方法教育幼儿，如给他们讲故事、看安全片。

2. 不要在阳台上放置玩具或其他物品，以免幼儿为了拿玩具而独自前往阳台。

3. 教育幼儿下楼梯时不要蹦跳或趴着楼梯扶手向下滑。

4. 要随时检查幼儿所能接触到的楼梯，确保扶手高于幼儿的肩部或头部。楼梯护栏间隙不能过于疏松，以免幼儿头或脚卡在间隙中或侧身穿过。

5. 在幼儿玩大型玩具时，教师要做好安全保护工作，要求幼儿遵守游戏规则，莫在高处嬉戏、推搡。

在幼儿园内，一旦发生幼儿坠落事件，教师要保持冷静，不可轻易移动幼儿，应该立即采取以下急救措施：

1. 幼儿如果从高空坠落，其口、鼻均有血流出，处于昏迷状态，可断定头部受伤较严重。教师应立即将幼儿头部轻轻偏向一侧，用手指清除口腔中的血丝等杂物，避免幼儿窒息。

2. 去除幼儿身上的用具和口袋中的硬物。

3. 若发现幼儿落地接触硬质杂物，可能造成其背部、肋骨及前胸受伤严重，教师千万不可将幼儿抱住或抱起，避免造成受伤部位骨骼错位。

4. 立即拨打急救电话，并向园医护人员和园长汇报。

5. 若幼儿的头部伤势较重且出血量较多，教师可用干净的手帕轻轻压住伤口，止血包扎。如果头部有其他溢出物，切记不可随便动，尽量保持原状，并立即和相关工作人员送幼儿前往医院。

6. 幼儿如果骨折，教师需用胶布、坚硬的物体等将受伤部位和未受伤部位固定在一起。

7. 若幼儿没有较大或较明显的外伤，为防止发生其他意外，可将幼儿安置成复原卧位再拨打急救电话。

8. 若幼儿头部受伤流血，应用生理盐水清洗，用消毒纱布将伤口包扎，再配合相关人员送往医院。

9. 若幼儿肩胛骨被摔伤，出现发青、肿胀症状，教师不可给其揉搓，应冷敷，并送往医院。

17 不小心摔伤碰伤，关切的话语不可少

幼儿摔伤的症状由其摔跤跌倒的情况而定，如果幼儿是正面跌下来的，可能会摔伤嘴，使下唇被上颚牙齿割伤，引起出血；如果是滚摔下来的，还有可能伤到胳膊，轻则擦破皮，重则导致骨折。

好动的幼儿在学会走路并且走得比较稳当后，往往不愿意受人"控制"，总是自己跑上跑下。而且，上下楼梯时，如果后面有人追赶或跟从，他们往往会走得更快。这样很容易摔倒，伤到胳膊、脸部、臀部等。还有一些幼儿不小心或故意一下迈两个台阶，结果向后跌倒，引起臀部擦伤。

确保幼儿安全的最好方法就是预防。降低幼儿摔伤事故的发生率的最好方法就是在日常生活中多留心幼儿的行动，提前预防。

1. 如果幼儿园里有楼梯，教师就需要特别当心，最好在楼梯上做一些防护垫，比如在台阶周围放几个软垫子；这样，即使幼儿不小心摔下来也不会受重伤。

2. 在有楼梯的幼儿园，教师要特别注意培养幼儿慢慢走的习惯。如果看到幼儿边走边打闹，教师应及时制止，并进行教育。

在平时的课堂上，教师也可以有意识地对幼儿进行相关的安全教育，让幼儿知道上下楼梯奔跑的危害。

教师还可以组织幼儿查找不安全的地方，并共同设置安全警示标志，如在楼梯两边画小脚丫，暗示应按秩序走，或画一排慢走的小人以暗示幼儿慢走。

教师要教育幼儿不要在楼道等较危险的地方奔跑、推搡、攀爬，否则会导致严重后果。

当发现幼儿聚集在楼梯处时，教师要劝导他们尽快离开，同时，还要教育幼儿不要在楼梯上玩耍，不要在楼梯上拉拉扯扯，不要推挤着上下楼梯，更不要追打着上下楼。

当发现幼儿上下楼走得过急或一下迈两三个台阶时，教师要及时制止，并进行教育。

幼儿摔伤，情况往往会比较严重，教师应尽快采取有效措施，降低危险，减轻幼儿的疼痛感。

1. 若幼儿摔伤嘴唇，教师要压住幼儿的伤口止血。如果伤得不严重，教师要仔细检查幼儿的牙齿是否松动、移位或断裂，然后检查嘴唇周围的皮肤是否伤到。被碰伤的嘴唇内侧及周围皮肤通常容易裂开，教师应轻压或将冰块放在伤处，以减轻肿胀。

由于嘴唇皮肤特别薄，容易裂开，如果较严重的话，教师要即刻拨打120，或者直接送幼儿去医院进行缝合。如果较轻则不用上医院，因为幼儿代谢旺盛，很快就能痊愈，但一定要注意消毒消炎，防止感染。

2. 下楼太急或过于拥挤，幼儿滑倒或跌倒，摔伤胳膊和腿的事情很常见。遇到这种情况教师应先将幼儿的伤口四周用清水洗干净，再用酒精或双氧水消毒，消毒后用药棉、纱布把伤口周围擦干，再用干净的纱布或手帕暂时包扎伤口，避免细菌侵入，注意处理时不要对着伤口咳嗽、打喷嚏。

如果伤口内藏有沙土或玻璃碴、金属屑等异物，教师要用干净的纱布或手绢将其轻轻地擦拭出来。同时，教师还要注意，包扎伤口时，一定要用消过毒的纱布和绷带等包扎，再用胶布固定；不要触摸纱布与伤口接触的部分，以免污染伤口。

教师要注意不要把药棉或有绒毛的布块直接覆盖在伤口上，也不要在无医生诊断的情况下将止血散等止血药物直接敷在伤口上，但可以在伤口上涂红药水，也可以使用创可贴包裹伤口，但不要过紧，应让伤口透气。

18 不要忽视绳子，可能会套住幼儿的脖子

由于自我保护意识差或教师、家长疏忽大意，幼儿常会在玩耍过程中拿绳子套住自己的脖子，这种玩耍性质的举动常会带来危险的后果，轻者会把脖子勒出血印，重者会造成窒息，危及生命。

最易套住幼儿脖子的物品有拉窗帘的绳子，灯绳，购物袋上的绳子，围裙带子，玩具上的绳子，跳绳，帽子、衣服和手套上的绳子，幼儿证和脖子佩饰上的绳子，等等。在幼儿园，教师对于存放绳状物品的地方一定要加倍注意。

要想预防绳子套住幼儿脖子造成意外的伤害，教师应做到以下几点：

1. 在幼儿园，教师应让幼儿处于自己的视线范围内，做好幼儿的"保镖"。如果必须暂时离开一会儿，应确保幼儿身边没有潜在的危险。

2. 《国家玩具安全技术规范》（GB6675－2003）规定，绳索和弹性绳玩具，在绳索上施以（25±2）N 的拉力时，其长度不得超过 220mm，且一端不能与玩具相连，形成活套。教师应经常检查幼儿的玩具，尽量排除那些带较长绳线的玩具，并确保这些玩具完好无损。

3. 在日常生活中，教师尽量不要让绳线绕在幼儿的脖子上或出现在幼儿旁边，并注意留心幼儿衣服上的绳线，确保它们不会套住幼儿的脖子。

4. 在幼儿自由活动之前，教师应清除任何可能缠住他们的绳索物品，如裸露的电线、窗帘的带子和灯绳开关等。

5. 因脖子上佩戴饰品而造成幼儿窒息的案例屡见不鲜，所以教师应建议家长不要给幼儿脖子上佩戴任何饰品。对于手镯和脚链等饰品，也建议家长最好不要给幼儿佩戴。

6. 因为现在车上的座位都是根据成人设计的，而幼儿的身高和体型都比成人矮小，所以幼儿在乘车时直接使用成人安全带，可能对幼儿脖子造成勒伤或割伤，当出现交通事故时，幼儿还可能被抛出去，造成意想不到的伤害。因此，当幼儿乘车时，最好让幼儿使用儿童专用安全带，以确保幼儿的行车安全。如果有条件，教师还可以为幼儿在车内设置儿童座椅或者儿童专用的安全增高坐垫。

当发现幼儿拿绳子套住脖子后，教师要快速解开绳子。如果此时已对幼儿造成伤害，教师应视情况及时采取以下措施：

1. 若幼儿的脖子被勒出血印，教师应用碘酒对伤处进行消毒，或把保护性的植物油或医院配的油膏涂抹到幼儿脖子上，再洒点爽身粉，以保持皮肤的干燥。

2. 如果幼儿脖子受伤的部位肿起来，可用冰敷的方式消肿。切记不要使用万金油和风油精等药物搓揉肿起来的部位，以免使皮肤内层血管破裂而导致情形恶化。

3. 如果幼儿的脖子被勒出了伤口，教师首先要止血，可以用消毒纱布或清洁的布置于伤口上，然后用手掌或手指施压5～10分钟，最好不要用药品止血。止血后，可以用棉花棒蘸些碘酒，在伤口处由内向外消毒，然后再用纱布或透气胶带包扎，以避免感染。

此外，幼儿不会照看伤口，容易把纱布或透气胶布弄脏、弄湿，造成伤口感染、发炎，教师应多留意，常为幼儿换药和纱布。

4. 当幼儿的脖子被绳子勒得过紧而造成窒息时，教师要尽快使用胸外心脏按压法和人工呼吸法抢救幼儿，同时联系急救中心寻求救助。

（1）胸外心脏按压法就是把幼儿平放在硬板床上，用2～3个手指头压住其胸骨下段，有节奏地向脊柱方向冲击压迫，深度为2厘米，频率为60～80次/分。另外，对于较小的幼儿可用拇指按压法，将手掌伸开握住小儿半个胸廓，大拇指按住胸骨下端，另四个手指并拢置于背部，然后相对挤压。

教师要注意，胸外按压不要用力过大，以免幼儿胸廓骨折。

（2）首先，教师要清除幼儿口中、咽部的分泌物和呕吐物，保持呼吸道通畅。然后，教师要将幼儿的头尽量后仰，一手托其下颌，另一手捏住患儿鼻孔，深吸一口气后吹入幼儿口内，见其胸廓起伏才算有效，再放开鼻孔使气体随胸廓回缩而排出。如此反复，频率为 20 次/分左右。当在幼儿颈前或腹股沟内侧部位触及动脉搏动，或紫绀的面色渐转为红润，甚至出现自主呼吸时，说明抢救有效。

在进行人工呼吸时，如果只有一个人在场，则要按人工呼吸 2 次、胸外心脏按压 1～5 次的方法反复进行；如果有两人，则心脏按压 5 次，人工呼吸 1 次。

教师要注意，用力要适度，不能过猛，以免幼儿肺泡破裂形成气胸。

19　幼儿梦游，千万不要大惊小怪

梦游俗称"迷症"，是指睡眠中突然爬起来进行活动，而后又睡下，醒后对睡眠期间的活动一无所知的现象。

梦游多发生于男性幼儿，发生在慢波睡眠的第三、四期。梦游者在没有人呼喊、无指令的情况下，会突然起床，或在室内走动，或做一些单调运动或习惯性杂事，再继续上床入睡。

梦游一般历时数分钟到半小时。梦游时，幼儿神志不完全清醒，眼时闭时睁，步态不稳，面无表情，一般能主动避开障碍或危险，清醒后对梦游毫无记忆。

显然，梦游是一种变异的意识状态。梦游者与周围环境失去了联系，他似乎生活在一个私人的世界里。梦游者的情绪有时会很激动，甚至会说一大堆胡话，旁人很难听懂他在讲什么，而这种活动往往是梦游者压抑的经历的象征式重现。

引起幼儿梦游的原因有很多：

1. 心理社会因素：部分幼儿梦游与他们的心理社会因素相关，如日常生活规律紊乱、环境压力、焦虑不安及恐惧的情绪、家庭关系不和、亲子关系欠佳等，都与梦游现象的发生有一定关系。

2. 睡眠过深：由于梦游常常发生在睡眠的前 1/3 深睡期，各种使睡眠加深的因素，如白天过度劳累、睡眠不足、睡前服药等，均可诱发幼儿梦游现象的出现。

3. 遗传因素：调查表明，梦游症的患者其家族中有阳性家族史的较多，且同卵双生子的发病率较异卵双生子的发病率高 6 倍之多，说明该病与遗传因素有一定的关系。

4. 发育因素：梦游症多发生于幼儿期，且随着年龄的增长而逐渐停止，这表明幼儿梦游可能与大脑皮质的发育延迟有关。

幼儿梦游时常会有以下症状：

（1）发作中，幼儿表情茫然、目光凝滞，他人试图加以干涉或同其沟通，则相对无反应，并且难以被唤醒。

（2）在清醒后，幼儿对梦游经历不复记忆。

（3）尽管从发作中醒来的几分钟之内，幼儿会有一段时间的茫然以及定向力障碍，但并无精神活动及行为上的任何损害。

幼儿梦游具有一定的危险性，教师首先应关注他们梦游的原因，然后再采取有效的预防办法：

1. 应培养幼儿良好的睡眠习惯，避免幼儿过度疲劳和高度紧张，让他们早睡早起，积极锻炼身体，把幼儿睡眠的节律调整到最佳状态。

2. 教师还应注意对幼儿睡眠环境的控制，在幼儿睡前，应关好门窗、收好各种危险物品，以免幼儿梦游发作时外出走失，或伤害自己及他人。

3. 教师不要在幼儿面前谈论其病情的严重性及其梦游经过，以免增加幼儿的紧张、焦虑及恐惧情绪。

在日常午睡时，教师应该细心观察幼儿，如有幼儿梦游应及时作出相应处理。

（1）把地面上所有的物品都清理干净，包括小块的地毯。应将易碎的物品从幼儿午睡的地方清除出去。

（2）轻轻走近幼儿，牵他回到床边，然后轻轻扶他躺下。

（3）及时堵住有危险的区域，以防幼儿进入。

4. 教师还可以根据具体情况，采取以下治疗方法：

（1）厌恶疗法：专家通过对病因的分析，已经知晓梦游是一种象征性的愿望补偿。教师通过厌恶疗法把梦游幼儿从梦中喊醒，打破他的行为定势，使这种下意识的行为达不到目的，那么幼儿的梦游现象就会逐渐消退。

采用厌恶疗法有两个关键之处，一是设法在幼儿梦游时唤醒幼儿；二是及时中断幼儿的梦游行为。

（2）精神宣泄法：幼儿梦游有时是精神压抑所造成的，所以教师要做的是解除幼儿内心深处的压抑。要寻找幼儿梦游的原因是非常简单的，因为他们的梦游行为十有八九表现了其内心深处的想法。

有些幼儿梦游往往是想念亲人所致。教师应及时和家长沟通，给孩子更多的温暖，关心、爱护他们，帮助他们解决一些具体问题，减少其对亲人的思念之情。

20 要幼儿远离消毒灯，以免灼伤

消毒灯，又名紫外线消毒灯、杀菌灯，它实际上是一种低压汞灯。低压汞灯是利用较低汞蒸气压被激化而发出紫外光，其发光谱线主要有两条：一条是253.7nm波长；另一条是185nm波长，这两条都是肉眼看不见的紫外线。消毒灯就是用这两条紫外线杀灭包括细菌繁殖体、芽胞、分支杆菌、冠状病毒、真菌、立克次体和衣原体等。凡被上述病毒污染的物体表面、水和空气，均可采用紫外线消毒。

目前，国内使用的紫外线消毒灯具有高辐照强度、远距离消毒杀菌效果，但应在无人状态下使用，避免对人眼和皮肤的长时间照射。

但紫外线对人体有一定的伤害，应避免直射，特别是在幼儿园采取预防措施是极其重要的，必须保护好幼儿的眼睛。医学人员研究证实，即使多晒太阳也会增加患白内障的风险，每天多晒 1 小时的太阳，一年内患白内障的概率便增加 10%。所以，在使用紫外线灯照射杀毒时，应当禁止幼儿进入辐射区，以避免紫外线直接照射到幼儿的眼睛和皮肤。

幼儿被消毒灯灼伤会表现出脸上出现红肿现象，主要症状为眼睛不适、眼睛疼痛、畏光、流泪、皮肤干燥、皮肤灼痛脱皮等。

紫外线照射除灼伤症状外，还可能导致皮肤癌，其对健康的危害已日渐引起人们重视。但到目前为止，对紫外线灯的生产销售及使用监管，甚至哪些场所需要安装紫外线灯及开关设置要求，国家还没有专门的法规条例明确约束。所以，教师应加强对幼儿园中消毒灯的监管，以防幼儿被消毒灯灼伤。

为防止消毒灯伤害到幼儿，教师应懂得消毒灯的正确使用方法：

1. 紫外线消毒灯的紫外线光对人体照射会有一定影响，不能对人体进行直接照射。消毒时注意让幼儿离开。

2. 紫外线照射要有时间限制，并保证紫外线足够的强度，照射时间一般 30～60 分钟为宜。每立方米需 1.5w 的紫外线消毒灯，即：每 20 平方米的空间需要一盏 30w 的紫外线消毒灯，以此类推。

3. 环境对紫外线消毒灯的杀菌效果也有影响，温度在 27 摄氏度到 40 摄氏度之间紫外线的输出强度最大。湿度大或是粉尘多都会降低消毒灯的杀菌能力。所以，杀菌环境需要保持清洁和干燥。消毒灯管每 2 周需用酒精擦拭一次。

4. 需要经常换消毒灯管，紫外线消毒灯都有慢漏现象，在使用 8000 小时以后，需要及时更换灯管，一般一年更换一次。

5. 使用紫外线消毒灯杀菌的时候最好关闭门窗，拉上窗帘，翻开被子、图书等，以达到最好的杀菌效果。

幼儿的安全意识薄弱，如果不小心被消毒灯灼伤，教师可以采取以下应急措施：

1. 如果幼儿不小心眼受伤，一般情况也无关大碍，就像被太阳光灼伤一样，严重的可滴眼药水或人乳，帮助复原。

2. 如果幼儿的眼睛刚被消毒灯灼伤，可以立即让患儿躺下，让其闭上眼睛，用冷水毛巾对眼部进行冷敷。此法可减轻患儿眼睛充血，而且有快速止痛的作用，冷敷应持续到患儿眼疼缓解为止。教师应及时为患儿更换冷毛巾，以保证冷敷效果。若能找到 1‰ 地卡因眼药水，用其滴眼睛可以收到立竿见影的止痛效果。

3. 如果幼儿皮肤出现灼伤情况，教师可以立即给幼儿的患处涂抹茶油或是一般的护肤品。如果不是严重的灼伤几天就可以恢复。如果灼伤严重，可以在 3 至 4 天内每日轻轻给患儿涂抹一般的护肤品，但不能用力擦洗灼伤部位，一个星期后灼伤部位会自动蜕皮。

21 增强安全意识，防止触电

触电又称电击伤，是电流通过人体而引起的损伤。幼儿常常喜欢东摸摸西看看，由于对电的认识不多，安全意识不强，常因摆弄电器而造成触电事故。如幼儿对电线插座产生好奇，可能会模仿大人使用电器将金属器具插入插座孔里，结果出现触电事故。

触电严重威胁孩子的安全，甚至会危及生命，因此教师要严加预防。

1. 要在平时加强教育，提醒幼儿不要玩灯头、电线插头、电器等；雷雨时不要呆在树下、电线杆旁或高层墙檐下避雨，以免雷击触电。

2. 打火机、电热器、充电器等不要放在儿童拿得到的地方，电源开关尤其是插座也不要让幼儿触摸。电器插座应尽量安装在高的位置，使幼儿不能轻易接触到。

3. 选购电动玩具时，要特别注意产品的设计和安全性，选择安全可靠的产品。这样可以大幅降低幼儿触电的概率。

幼儿触电后一般有以下症状：

1. 轻度触电表现为短暂的脸色苍白、呆滞、对周围失去反应，可伴有头晕、心悸、四肢乏力等症状；严重触电会导致立即昏迷、抽搐以及心跳、呼吸停止等反应。

2. 若皮肤接触电源部位和电流出口部位，还可能发生严重的灼伤。轻者可能有 0.5～2 厘米半圆形黄色或褐色的干燥灼伤，偶尔有水疱、肿胀；严重的创面大而且深达肌肉与骨骼，引起肌肉坏死、炭化及出血。

3. 触电时因强烈痉挛而致身体弹跳，可能造成摔伤、骨折、脱臼等损伤。

随着手机的普及，很多孩子喜欢玩充电器，这也是引发触电事故的重大隐患之一。教师一定要严格看管好孩子，以免发生触电伤害事故。

若幼儿触电，教师要保持镇静，然后按一定程序进行急救。

1. 应迅速使幼儿脱离电源，电源作用于人体的时间越长，后果越严重。教师可用干燥的木棒、竹竿等绝缘工具将电线挑开，如附近无木棒等工具，可用干绳子、衣服拧成带子套在触电人身上，将其拉出。教师一定要注意自身安全，在脚下垫干燥的厚木板或站在棉被、厚塑料板等绝缘物体上施救。

2. 幼儿触电后教师应检查孩子有无呼吸和心跳，在急救车到来之前，如心跳、呼吸停止的一定要及时做人工呼吸及胸外心脏按压。

如果孩子的呼吸和心跳都正常，说明孩子只是受到轻微的电击，通过身体的电流很小，触电的时间也短，脱离电源以后孩子只感到心慌、头晕、四肢发麻。这时候，要让他休息 1～2 小时，并在身旁守护，观察其呼吸、心跳情况，一般不至发生生命危险；但不能让患儿立即走动，否则可能引起意外死亡。

如果孩子的呼吸或心跳停止，说明孩子受到的电击较强，触电时间长，通过身体的电流比较大；或者是电流从右手到左脚，通过了人体的重要器官（心脏和中枢神经系统），此时孩子会表现出面色苍白或发青紫、昏迷不醒等反应，甚至心脏、呼吸停止。这时就应该分秒必争地进行现场抢救，立即做人工呼吸和胸外心脏按压。

人工呼吸时，不要捏紧幼儿鼻孔，让其自然漏气，并适当减少吹气量，避免引起幼儿肺泡破裂；如果使幼儿张嘴有困难，可将其口唇紧闭住，教师将口对准孩子鼻孔吹气。吹时用一只手掌的外缘压住孩子的额部，另一只手托在幼儿颈后，将其颈部上抬，头部充分后仰，教师先吸一口气，然后紧凑孩子的嘴或鼻子大口吹气。吹气完毕后，立即离开孩子的嘴或鼻子，让孩子的胸部自然回缩，气体从肺内排出。然后按照这种方法继续操作，每分钟 20 次左右，至孩子恢复呼吸为止。

如果幼儿心脏也停止了跳动，必须在人工呼吸的同时，进行胸外心脏按压。将幼儿放在硬地或木板上，教师在孩子的一侧，一手的掌根放在孩子胸骨中下部，另一只手按在第一只手的手背上，有节奏地按压胸骨下半段及与其相连的肋软骨，使下陷约 2 厘米，速度为每分钟 90～100 次，按压和放松时间大致相等。

22 小心看管，不要让幼儿溺水

由于教师或幼儿园管理上的疏忽，幼儿可能不慎跌入较大的水容器，或落入水池、河塘等导致溺水。幼儿园放假期间，幼儿去海边、湖边、河边玩耍也可能会溺水而发生危险。每年幼儿溺水伤亡的事故屡见不鲜。

幼儿溺水属于严重的意外事故，多是由于教师和家长对孩子安全教育不够、管理照顾不周所造成。

采取有效的预防措施是防范溺水的关键，那么教师应如何防止幼儿溺水事故的发生呢？

1. 要加强对幼儿的看护，不要让幼儿离开视线，更不能让幼儿单独接近水源。暑期放假时要提醒家长注意幼儿安全，切实做好家庭和幼儿园的沟通工作。

2. 要加强对幼儿的教育，让孩子知道水的危险性，不要独自去水边、水里玩耍。与家人去游泳时，也要注意安全，遵守游泳场秩序。

3. 幼儿园任何装有水的容器都应该盖上盖子，如马桶、水盆、澡盆等。在幼儿使用过程中，教师要做好监护工作。

幼儿不幸溺水，常常会因缺氧窒息而死亡，因此，无论是溺水时的及时救助还是溺水后的合理抢救都是至关重要的，教师必须全力以赴、争分夺秒，实施以下急救措施：

1. 立即将幼儿救出水面。

2. 用手打开幼儿的口腔，清理其口中的呕吐物、污物。

3. 解开幼儿的衣服，使其保持呼吸畅通。

4. 按压幼儿的胸部让其将水吐出，或抓扶住幼儿的腹部使其倒立，使其保持头低脚高的姿势让呼吸道内的水自然流出。

5. 拍打幼儿的足底，看有无反应，检查溺水幼儿是否清醒。

6. 对于已经没有呼吸的幼儿，需立即进行人工呼吸。

如果幼儿心跳很慢或停止，应立即进行胸外心脏按压。

经初步抢救，若溺水幼儿呼吸、心跳已逐渐恢复，可以让其喝些姜汤或热茶，注意保暖。若仍未脱离危险则应尽快送医院继续复苏处理及后续治疗。

23　养成良好的习惯，以免铅中毒

铅是一种重金属，主要存在于油漆、涂料、铅尘、土壤、旧水管、陶瓷和水晶器皿、塑料拖鞋里，松花蛋、爆米花、过期罐头中也含有铅。铅进入幼儿身体，会对幼儿的神经系统、免疫功能、消化系统产生一系列的危害。

在目前环境污染严重，不能完全避免幼儿接触铅的情况下，如何让幼儿远离铅中毒成了家长和教师迫切关心的问题。

预防儿童铅中毒有著名的三句话："环境干预是根本手段，健康教育是主要方法，临床治疗是重要环节。"专家认为，防治幼儿铅中毒应从阻止铅进入幼儿体内入手，在生活中培养幼儿良好的卫生习惯，远离铅。预防铅中毒的方法主要有以下几种：

1. 教师和家长要共同教育幼儿，使幼儿养成良好的卫生习惯，降低铅毒对幼儿产生危害的可能。

2. 日常生活中要注意培养幼儿勤洗手、勤剪指甲的习惯。彻底洗净双手不仅能防止疾病传播，还能有效控铅。要遵循"五必洗"的要求：外出归来必洗手，进食之前必洗手，玩完玩具必洗手，绘画之后必洗手，阅读完毕必洗手。应常给幼儿剪指甲，因为指甲缝是特别容易匿藏铅尘的部位。

3. 纠正幼儿吸吮手指，啃咬指甲、铅笔、玩具、钥匙、金属拉链和其他异物的不良习惯。

4. 经常清洗幼儿玩具和其他一些有可能被幼儿放到口中的物品。

5. 不要带幼儿到汽车流量大的马路和铅作业工厂附近玩耍。

6. 饮食方面，注意确保幼儿定时进餐，因为空腹时铅的吸收率会明显增高。皮蛋、罐头、烧烤、爆米花、膨化食品、易拉罐饮料，这些都是铅含量较高的食物，尽量让幼儿少食。避免给幼儿使用水晶玻璃杯及色彩过分鲜艳的陶瓷餐具等。保证幼儿的日常膳食中含有足量的钙、铁、锌等。

7. 对幼儿经常活动的区域，教师应该经常用湿拖布拖地板、用湿抹布擦桌面和窗台。

8. 直接从事铅作业劳动的幼儿家长下班前必须按规定洗澡、更衣后才能回家。以煤为燃料的家庭应尽量多开窗通风。

9. 有些地方使用的自来水管道材料中含铅量较高，每日早上用自来水时，应将水龙头打开3~5分钟，放掉前一晚囤积于管道中、可能遭到铅污染的水。幼儿园食堂的工作人员千万不能将放掉的自来水用于烹饪；各城市中水质不佳区域的幼儿园可以加装带有除铅功能的婴幼儿专用滤水器，将自来水中可能有的铅污染去除。

铅是具有神经毒性的一种重金属，铅中毒可造成儿童发育方面的损害，但是教师也不必谈铅色变。如果发现幼儿有铅中毒的症状，可采取以下方法处理：

1. 及时通知园长和幼儿园医护人员，检查幼儿是否铅中毒。

2. 如果幼儿被确诊为铅中毒，要通知家长。医院一般有相关的排铅药物等治疗措施，经过治疗可以恢复正常。

3. 检查园内物品，如发现存在铅污染的玩具、学习用品、课桌椅等，应立即处理，杜绝铅毒继续危害幼儿。

4. 了解相关的排铅食物，在日常生活中帮助幼儿排铅。下面一些食物有助于排铅、降铅。

牛奶：它所含的蛋白质成分，能与体内的铅结合成一种可溶性的化合物，从而阻止人体对铅的吸收。建议幼儿每天喝上1～2杯牛奶。

虾皮：每100克虾皮中含钙量高达2克。最新研究表明，增加膳食钙的摄入量除了对儿童骨质发育有益外，还能降低胃肠道对铅的吸收和骨铅的蓄积，可有效减少儿童对铅的吸收，降低铅的毒性。对于接触低浓度铅的幼儿，膳食中增加钙的摄入量可有效降低铅的吸收。

胡萝卜：胡萝卜内含大量果胶，可减轻铅在体内的毒性，减少铅的吸收，防止铅中毒引起的便秘。

海带：海带具有解毒排铅功效，可促进体内铅的排泄。

大蒜：大蒜中的某些有机成分能分解铅，具有化解铅毒的作用。

蔬菜：油菜、卷心菜、苦瓜等蔬菜中的维生素C与铅结合，会生成难溶于水且无毒的盐类，并随粪便排出体外。

水果：猕猴桃、枣、柑等所含的果胶物质，可使肠道中的铅沉淀，从而减少机体对铅的吸收。

酸奶：可刺激肠蠕动，减少铅吸收，并增加排泄。

在排铅时如果不改善幼儿的卫生饮食和习惯，幼儿可能继续吸收到铅，使体内含铅值再次偏高，所以，对幼儿的排铅工作一定要持续下去，并提醒家长每半年带幼儿去医院做一次血铅检测。

24 加强设施管理，防止煤气中毒

煤气中毒，即一氧化碳中毒，在日常生活中时有发生，在幼儿园中也难以避免。教师要想在幼儿煤气中毒时及时采取正确施救措施，就应了解煤气中毒的原因和症状。那么，导致煤气中毒的原因有哪些呢？煤气中毒后，又有哪些中毒症状呢？

煤气中毒的症状：幼儿煤气中毒初期只是表现为头痛，随之会出现头晕、眼花、恶心、心慌、四肢无力、皮肤黏膜出现樱桃红色等症状。严重者有恶心、呕吐、胸部紧迫感等反应，继之昏睡、昏迷、呼吸急促、血压下降，甚至死亡。

一般情况下，当意识到已发生一氧化碳中毒时，往往为时已晚。因为支配人体运动的大脑皮质最先受到麻痹损害，使人无法实现有目的的自主运动。此时，中毒者头脑中仍有清醒的意识，也想打开门窗逃出，可手脚已不听使唤。所以，一氧化碳中毒者往往无法进行有效的自救。

所以，作为幼儿教师，在平时生活中，应时刻提醒幼儿，以提高幼儿预防煤气中毒的意识，让幼儿熟悉以上所提到的引起煤气中毒的原因。

幼儿在吸入大量浓烟后容易出现血压不稳、神志不清、对外界刺激反应迟钝、意识丧失、肤色青紫等症状。遇到类似情况发生，教师应立即进行救助。

1. 立即把幼儿搬到室外空气流通的地方。让幼儿吸入新鲜空气，排出一氧化碳，但要注意保暖，最好将患儿用厚棉被包裹好。

症状轻者，可给些热浓茶，这样不但可抑制恶心，而且有助于减轻头痛。头痛者可服去痛片或 APC。一般 1～2 小时即可恢复。

症状严重的，恶心、呕吐不止，神志不清以致昏迷者，应及时送医院抢救，最好将其送到有高压氧仓设备的医院。如果拖延时间较长，昏迷的幼儿可受到不可逆的大脑损伤。护送途中要尽可能清除患儿口中的呕吐物或痰液，将其头倾向一侧，以免呕吐物阻塞呼吸道引起窒息和吸

入性肺炎。

如果患儿呼吸不匀或微弱，可进行人工呼吸。如果呼吸和心跳都已停止，可在现场做人工呼吸和胸外心脏按压，即使在送医院途中，也要坚持抢救。

2. 立即打开房间所有门窗，关掉煤气开关，消除其他煤气来源。

3. 发现煤气泄漏，不能开灯，不能打开抽油烟机，因为按动开关可能产生电火花，引发爆炸。

4. 冬天应先摸一摸暖气片或者自来水管再进入幼儿所在房间，因为衣服可能有静电，产生电火花。

尽管每年政府都做了大量的宣传和知识普及，但煤气中毒事件还是时有发生，其原因，很大一部分在于人们对煤气中毒的预防仍存在一些关键性误区。如果对此缺乏足够的认识，就可能导致煤气中毒。

下面是预防煤气中毒的四大误区：

误区1：只有烧煤时才会发生煤气中毒

一氧化碳中毒，俗称煤气中毒。一氧化碳是一种窒息性毒气，它无色、无味，无刺激性，因此即使在空气中大量存在，也不容易被人们察觉。中毒后轻者头痛、头晕、恶心、呕吐，重者可丧失生命。

一氧化碳不仅仅在烧煤时产生，其他情况如烧炭（如取暖和吃燃炭的火锅）、使用燃气热水器、汽车发动机等燃油发动机的运转、煤气管道泄漏、工业上的冶炼及铸造以及采掘、爆破等，都能在环境中产生一定浓度的一氧化碳。

总之，任何含碳物质的燃烧都可以产生一氧化碳。如果在一定的环境中形成一定浓度的一氧化碳，就可以导致该环境内的人畜中毒。

误区2：燃烧的煤变红，就不会产生一氧化碳

这是使人丧命的最常见的错误认识。不少人看到燃烧的煤球变红后就放心地敞开炉盖，或者把烧红了、不再冒烟的无烟囱煤炉搬到屋里，然后蒙头大睡，从而发生严重中毒。请记住，只要有含碳物质燃烧，就有一氧化碳产生，就必须采取防护措施。

误区3：通风环境良好不会煤气中毒

一氧化碳有很强的亲和力，它能强行与人体红细胞内的血红蛋白结合，使其失去运送氧气的能力，使人发生窒息性中毒。由于一氧化碳与血红蛋白有强大的结合能力，其亲和力比氧气与血红蛋白的亲和力大230～270 倍，因此血液中即使存在少许一氧化碳，也能与氧气竞争血红蛋白。而空气中只要有一氧化碳，就有可能被吸入体内。

也就是说，即使环境通风良好，如果一氧化碳的产生量多于它的排出量，仍然可以被患者吸入体内导致中毒。所以，不要以为安装了风斗，或者觉得房间通风良好就可以万事无忧，要考虑一氧化碳的产生量。

误区 4：烧开水可以防止煤气中毒

民间流传的防止煤气中毒的方法有烧开水、在炉子上摆放水果皮等，这些都是无效的。最有效的煤气中毒的预防方法是，减少环境中的一氧化碳来源及加速一氧化碳的排出，这样才能把空气中的一氧化碳浓度降至安全水平。

25 强调秩序的重要性，保证幼儿安全

幼儿在成长过程中，有一段时期会对环境中某些特定的要素特别敏感，这是幼儿的心理敏感期。其中秩序敏感期在这一时期的幼儿发展过程中占有非常重要的地位。秩序感能使幼儿产生愉快、兴奋、舒畅的感觉，它是个体生命的基本情感需要，表现形式主要有安全感、归属感、时空感等。

而在现实生活中，由于一些幼儿教师不了解幼儿秩序感发展的这种心理特征及其存在的常见问题，而采取了不适当的行为，这将阻碍幼儿秩序感的发展，导致不必要的安全隐患。

在教育活动中，为防止幼儿秩序混乱而造成不必要的伤害，教师可从以下几个方面着手开展工作：

1. 幼儿的秩序感常表现在对顺序性、生活习惯、所有物的要求上。意大利教育家蒙台梭利认为，如果成人未能提供一个有序的环境，孩子

便没有建立对各种关系知觉的基础。当孩子在环境中逐步建立起内在秩序时，智能也因而逐步发展。

为孩子创造一个有序的生活和活动环境，是一个间接却非常重要的工作，能对孩子起到潜移默化的影响。教师在玩具、教具和物品的摆放上要有秩序，并且要保持美观、干净。同时，在玩具、图书以及操作材料的放置上也要便于幼儿取放，以免出现秩序混乱，让秩序感蕴含于环境，让环境告诉幼儿该怎么做。如果环境没有维护好，对幼儿无论是在生理方面还是心理方面的发展都不可能收到良好效果。

2. 刚离开父母怀抱的孩子大多以自我为中心，对于好玩的、自己喜欢的东西就要独霸。玩玩具的时候你争我抢，玩滑梯时会你推我挤，许多在家养成的坏习惯都毫不掩饰地暴露出来。这样的孩子容易出现一些安全隐患，教师应让他们学会遵守活动规则。

玩滑梯，教师可以和幼儿一边玩，一边念儿歌："滑滑梯，滑滑梯，小手小手扶扶好，一步一步往上走；你不推，我不挤，一个一个往下滑，大家一起真开心。"每玩一次，教师就念一遍，这样不仅可使幼儿在不知不觉中了解并掌握玩滑梯的方法，而且也可促使幼儿遵守游戏规则和秩序。

上下楼梯的时候，教师可以带幼儿边走边念儿歌："上楼梯，都不挤，一个跟着一个走；靠右边，慢慢上，大家开心笑嘻嘻。"

组织活动的时候，教师应提醒小朋友认真听，遵守活动的秩序。许多日常生活中的细节，如洗手、吃饭、如厕、收玩具等，教师都可以根据实际情况编创朗朗上口的儿歌，暗示幼儿遵循规则。

3. 表扬在培养幼儿秩序感的过程中会收到事半功倍的效果。幼儿同伴之间容易相互影响、相互比较，若教师经常表扬那些守秩序的幼儿，对其他幼儿便会产生积极影响。

如果幼儿由于秩序混乱而造成安全隐患，教师就应立刻采取以下相应的应急措施，让幼儿远离危险：

1. 立即找到并尽可能迅速消除造成混乱的根源，然后安抚幼儿。

2．及时清点人数，确定有无幼儿在混乱中受伤，若有应及时将受伤幼儿送往医院。

3．尽量减少不必要的集体行动和过渡环节，避免浪费时间，以促进良好秩序的形成。

幼儿园有时会有这样的现象：喝水排队、上厕所排队等。长时间的等待会引起孩子的混乱。教师应让幼儿分组喝水、如厕，这不仅能促进其良好的秩序感和行为习惯的养成，避免拥挤现象，同时也保证了幼儿的安全。

26 受到惊吓，要想方设法安抚幼儿

在幼儿的成长过程中，不可避免地会遇到一些突发事件，或者其他突如其来的让幼儿不能承受之事，这些事往往会对幼儿产生不良影响，甚至导致精神障碍。因此，教师要尽可能地帮助幼儿淡化创伤记忆，尽快忘掉不愉快的事。

在受到惊吓后，幼儿情绪的早期表现是因害怕、紧张而引起的哭泣、烦躁和不安，夜睡时失眠多梦或阵阵呓语，也可能出现尖声哭闹的症状。年龄较大的甚至可能出现幻视、幻听症状。

随着时间的推移，性格开朗的幼儿会慢慢遗忘，但也有一些胆小、内向的幼儿仍然会受到持续影响。

在幼儿园里，如果教师照护得好，幼儿就不会轻易受惊，因此，减少幼儿受惊的最好办法，就是给予他们安全、体贴的照护。通常，教师要注意做好以下五点工作：

1．白天，教师应尽可能地多安抚幼儿，尤其是多搂抱胆小、易受惊的幼儿。教师越亲切，幼儿的情绪就越稳定。

2．要给幼儿创造一个好的睡眠环境，尽量不在房间里大声说话，走路脚步要轻。

3. 应清楚地知道幼儿喜欢什么和厌恶什么，不要勉强幼儿接受他不喜欢的事物，如果在教学中不得不接触则要采用比较温和的方式。

4. 带领幼儿去园外活动时，时间不宜过长，而且一定要避免去拥挤、嘈杂的地方。如果幼儿有哭闹、困倦等表现时，一定要尽快去安抚他。

5. 在幼儿的饮食上，教师也应该安排得合理和科学，因为充足的营养不仅能给幼儿带来健康的身体，减少疾病的困扰，还能促进幼儿智力的发展，培养其良好的心理素质。

幼儿受到惊吓后，教师可以采用以下方法安抚他们，让他们的心情变得平静一些。

1. 幼儿一旦受到惊吓，教师应立刻用轻柔的声音安抚他，同时用手轻轻地抚摸其头部或轻拍其背部。可信任、依赖的成人声音和肢体的接触，能很快让幼儿产生安全感，得到最大限度的安抚。

2. 幼儿受惊后，教师可以想办法转移其注意力，比如带幼儿玩他们喜欢的玩具，给他们讲一个有趣的故事，给他们唱一段动听的歌谣……注意力转移了，幼儿很快就会忘记刚才的事情。

3. 教师可以用婴儿润肤乳涂抹在幼儿的食指和中指指尖的中心位置上，并轻揉三四十下，通常幼儿会很快安静下来；如果因受惊吓而不能入睡，教师可以用自己的指端按在幼儿十指的指头穴，每个手指按五下，幼儿会很快入睡。

4. 多陪陪幼儿。幼儿受惊后，教师不要让其一个人待着，要多陪伴他，或引导他和小朋友一起玩，同时教师不要继续谈论令幼儿恐慌、害怕的事情。

如果幼儿总是处于精神紧张状态，教师可以在适当的时间用温和的话语对幼儿进行适当的劝解。

27 发生踩踏事故，立即疏散幼儿

踩踏事故是指人太多的时候，后面的人不知道前面的情况，像潮水一样挤推前面的人，只要有一个人倒下，后面的人就会被推倒，形成踩踏。可能导致踩踏事故的原因主要有以下五个：

1. 人群较为集中时，由于拥挤或前面有人不慎摔倒，后面人未留意，没有止步导致踩踏。

2. 人群受到惊吓，如听到尖叫声、爆炸声、其他刺耳的声音或遇到突如其来的变故，出现惊慌失措的混乱局面，在无组织的逃生中相互踩踏。

3. 人群因过于激动和兴奋而出现骚乱，易发生踩踏事故。

4. 因好奇心驱使，专门找人多拥挤处一探究竟，造成不必要的人员集中而导致踩踏。

5. 在人多上下楼梯时，故意起哄、打闹、推搡、突然停留，导致发生踩踏事故。

近年来，校园踩踏事故时有发生，事故的严重后果让人痛心，为了防止幼儿园踩踏事故的发生，更好地保障幼儿的安全，为幼儿营造一个安全健康的生活、生长环境，幼儿园和教师应该采取以下预防措施：

1. 高度重视，统一思想

幼儿园应充分认识做好幼儿园安全工作的重要性和紧迫性，时刻绷紧安全这根弦，牢固树立"以人为本"的管理思想，坚持"安全第一，预防为主"的方针，建立安全管理制度，将安全防范责任进行分解，落实到人，坚决杜绝拥挤踩踏事故的发生，以保障幼儿的生命安全。

2. 开展专题教育，提高幼儿的防患意识

教师可以通过惨痛的拥挤踩踏事故案例，采用讲故事、播放幻灯片等多种形式和途径，对幼儿开展预防拥挤踩踏事故的专题教育，让幼儿充分认识到拥挤踩踏事故发生的主要原因和严重后果，提高幼儿的安全意识，让他们在发生危险时听从安排、自觉排队、不推搡小朋友，增强其自我保护意识。

应注重幼儿安全行为的培养，使幼儿养成上下楼梯轻声慢步并靠右行走的习惯，禁止幼儿在人流高峰时段在楼梯和过道停留或逆向行走。

3. 完善设施，设置警示

在室内墙面、走廊通道上用荧光漆刷出安全路线的小箭头符号，通过提示图标让幼儿养成多看警示标志的习惯。

4. 深入排查，消除隐患

教师要定期专门对幼儿园的各种设施进行全面检查，如检查休息室、活动室、走廊、厕所的照明设施和应急照明设备，发现损坏及时通知相关人员修复或更换，同时要确保走廊的畅通无阻。

5. 教给幼儿脱险方法

（1）在行进中，若发现慌乱人群向自己涌来，不要奔跑，应快速躲到一旁，等人群过去后再离开，千万不要混入慌乱的人群。

（2）当身处混乱人群中时，一定要双脚站稳，抓住身边的牢固物体，如栏杆或柱子；如没有可以抓扶的固定物体，可以靠墙站立或随人流慢慢移动，注意不要被挤倒，时刻提高警惕，尽量不要受周围环境影响，更不要无序乱挤。

（3）在人群中前进时，要用一只手紧握另一手腕，手肘撑开，平放于胸前，微微向前弯腰，形成一定空间，以保持呼吸通畅。

（4）一旦被人挤倒在地，要设法使身体蜷缩成球状，双手紧扣置于颈后，保护好头、颈、胸、腹部。

幼儿园发生踩踏事件时，教师应该采取以下应急措施：

**1. **幼儿在行进中发生踩踏时，在场教师要及时禁止后面幼儿的通行，抢扶被压倒的幼儿，防止事态进一步扩大。

**2. **一旦发生踩踏，在场教师要马上联系外援，寻求帮助，组织教师对后面拥挤的幼儿进行疏散。

3. 对受伤幼儿逐个了解情况，将轻微受伤者立即送到园卫生室检查治疗，有严重受伤者，要立即拨打 120 求助。

4. 在医务人员到达现场前，教师要抓紧时间展开救治。发生严重踩踏事故时，常见的伤害是骨折和窒息。此时应将伤者平放在木板上或较硬垫子上，解开其衣领，保持伤者呼吸道畅通。

5. 当发现幼儿呼吸、心跳停止时，教师要赶快做人工呼吸，辅之以胸外心脏按压。

6. 通知受伤幼儿的监护人，并派专人护送、照顾，直到受伤幼儿监护人赶到为止。

7. 要做好其他幼儿的思想稳定工作，消除他们的恐惧心理。

28 幼儿落枕时，减轻幼儿疼痛

幼儿落枕的病因主要有两个方面：一是肌肉扭伤，如幼儿夜间或午睡时睡眠姿势不良，头颈部长时间处于过度偏转的位置；或幼儿睡眠时枕头不合适，过高、过低或过硬，使其头颈处于过伸或过屈状态。

这些情况均可引起幼儿颈部一侧肌肉紧张，使幼儿颈椎小关节扭错，时间较长即可发生静力性损伤，造成伤处肌肉韧带僵硬、气血运行不畅、局部疼痛不适、动作明显受限等症状。二是幼儿感染风寒，使其颈背部气血凝滞、筋络痹阻，导致其颈部肌肉僵硬疼痛、动作不利。

多数落枕的幼儿是因为睡眠姿势欠佳，导致颈部肌肉有触痛，疼痛会造成颈部活动障碍，头颈不能自由旋转，症状严重时幼儿俯仰也有困难，甚至头部强直于异常位置，偏向病侧。

教师检查时，可发现幼儿颈部肌肉有触痛，浅层肌肉痉挛、僵硬，摸起来有条索感。

治病不如防病好。预防幼儿落枕并不难，关键是需要教师坚持做好以下几方面工作：

1. 为幼儿准备一个好枕头

按人体颈部解剖生理特点，好枕头的造型，最好中间部分呈凹型，能承托颈部，预防滑落。枕头高度要合适，幼儿的应以 4cm 左右为宜。枕头也不能太宽太轻，宽度最好相当于幼儿肩至耳的距离，柔软度以易变形为度。在制作枕头时，教师还可加入研细的中药，如夏草、黄芪、当归、甘草等，以促进幼儿颈部血液循环。

2. 做好防寒保暖工作

幼儿睡觉时要盖好颈部，教师应帮助幼儿将被子往上拉一拉。天气炎热时，教师不应让幼儿的头部长时间对着电风扇吹。幼儿不可睡在有"穿堂风"的地方，以免着凉引起感冒或颈肌痉挛诱发落枕。

3. 及时为幼儿补充钙及维生素

钙是构成人体骨骼的主要成分，维生素是维持生命的要素，足够的钙及维生素能促进幼儿全身的血液循环，有利于幼儿体内代谢废物的排出。因此教师应多为幼儿准备骨头汤、牛奶和豆制品以及新鲜蔬菜，必要时也可让幼儿适当服用钙片和维生素 B 和维生素 C。

4. 纠正幼儿不良的睡眠姿势

幼儿不良的睡姿有很多种，如幼儿俯卧时，可能把头颈弯向一侧；在极度疲劳时，幼儿可能还没有躺正位置就熟睡过去；头颈部位置不正，过度屈曲或伸展等。当幼儿出现这些情况时，教师都应帮助其纠正过来。

5. 引导幼儿经常进行适量运动

教师应引导幼儿经常进行适量运动，尤其是颈椎的活动操，如做"米"字操，这是一种操作简便的颈部保健操。

幼儿落枕的治疗方法很多，一般与颈椎病的治疗方法相仿。因为落枕是急性起病，仅为单纯性肌肉痉挛，本身有自愈的趋向，所以如果及时采取治疗措施，症状是可以很快消失的。当幼儿落枕时，教师可通过以下方法帮助幼儿减轻疼痛：

1. 按摩

教师可站到落枕的幼儿身后，用一指轻按幼儿颈部，找出最痛点，然后用一拇指从该侧颈上方开始，直到肩背部为止，依次按摩，对幼儿颈部最痛点用力按摩，直至幼儿感觉明显酸胀即表示力量已够，如此反复按摩 2～3 遍，再以空心拳轻叩按摩过的部位，重复 2～3 遍。重复上述按摩与轻叩，可迅速使幼儿痉挛的颈肌松弛而止痛。

此外，教师还可采用以下三种按摩手法：

（1）按揉风池、肩井穴

教师可用中指指尖按压幼儿的风池穴（耳后高骨内下方凹陷处），待幼儿有酸胀的感觉后，再按揉约 1 分钟，然后用大拇指指腹由幼儿颈部向肩井处斜推数分钟。

（2）按压法

教师可用中指指腹或钢笔头按压幼儿手的落枕点（手背第二、三指关节间），按压时应由轻到重再到轻，共按压 36 次。

（3）指拨痛点

教师可用左手的食指、中指和无名指指腹探寻压痛点，当摸到幼儿肩膀上或颈部有索条样的疼痛肌肉时，教师可再横着用力拨动，使该肌肉变得松软。然后教师可让幼儿转动头部，找出新的痛点，同法操作，直至幼儿头部转动灵活为止。

以上三种方法，可单法治疗，也可两种或三种综合应用。

2. 热敷

教师可使用热水袋、电热手炉、热毛巾及红外线灯泡热敷，可起到止痛作用。在热敷过程中，教师应该注意防止烫伤幼儿。

3. 药物擦揉

教师可选用正红花油、云香精等，在幼儿的痛处擦揉，每天 2～3 次，有一定效果。

4. 药物外贴

教师可用伤湿止痛膏外贴幼儿的颈部痛处，每天更换一次，止痛效果较理想。药物外贴时，幼儿会感觉贴膏后，颈部活动受到一定限制，教师应及时提醒幼儿，让幼儿配合治疗。

如果教师采取措施后，幼儿仍感觉疼痛难忍，应及时联系家长，将幼儿送往医院进行诊治。

29　相互抓伤，平息幼儿的矛盾

幼儿，特别是三岁左右的幼儿喜欢用手抓挠，这与其年龄和心理特点有关。由于幼儿年龄小，思维和行为活动带有明显的随意性，自控能力差，又缺乏生活经验，还未学会与同伴协商和友好相处，于是在做游戏时兴奋过度或者看到自己喜欢的东西，就会用手去抓、去抢，这样便不可避免地发生相互抓伤的情况。

幼儿之间的打闹是很平常的事情，很多时候都是这一分钟还在玩，下一分钟就起了争执，教师也很难确保他们不发生打闹。因此，教师要加倍关心和爱护幼儿，应尽可能阻止相互抓伤的事情发生，当幼儿间发生争执时，要及时制止，避免事件升级。

为了避免幼儿在游戏时相互抓伤事件的发生，教师要做好以下几方面的工作：

1. 在做游戏时，要尽可能为幼儿创设宽松的活动环境，并提供足够数量的游戏道具。空间大了、游戏道具多了，幼儿之间的纠纷自然就会减少，相互抓伤的可能性也就会随之减小。

2. 在日常教育、生活、交往和游戏活动中，教师应让幼儿学会"三会"，即会使用尊称，对长辈不直呼其名，不给他人起外号；会使用谦让语，如"请""对不起""没关系"和"麻烦您"等；会在一定场合使用问候语，如"早上好""晚安"和"再见"等。这样会降低幼儿之间发生冲突的可能性。

3. 在教育活动中，教师应教给幼儿与同伴交往和合作的技能，如善于倾听、敢于接受批评和宽容他人的错误等。幼儿的生活经验丰富了，能够和同伴友好交往，相互之间就不会发生争执与打闹。

4. 要求幼儿做到的，教师必须首先做到。所以，教师要特别注意自己的言行举止，处处为幼儿做好榜样。例如，每天来园或离园时，教师应主动向同事、家长和幼儿问好和道别；接待家长及来园客人时，教师要热情礼貌。

5. 依据保育和教育相结合的原则，幼儿园的任务是：对幼儿实施德、智、体、美等方面的教育，促进幼儿身心的全面和谐发展。

时有争吵与打闹是幼儿年龄特点的表现，也是幼儿学习如何形成良好的社会适应性的过程，还是幼儿锻炼与实践的机会。所以，身为教师，既不可一味地呵护幼儿，也不要小题大做或大动干戈，而应该培养幼儿的独立自主性，使之学会对自己的行为负责，这对幼儿的身心发展与健康成长十分重要。

6. 应常与家长沟通，及时了解幼儿的个性特点及行为发展情况，有针对性地对幼儿进行教育。还可建立家长委员会，加强家长与幼儿园的联系，增进幼儿园与家长之间的相互了解，并建立一种相互信赖的关系，从而迅速而有效地采取适当的措施解决可能发生的矛盾与纠纷。

7. 有的家长见自己的孩子身上有一点小伤，便责备孩子："你怎么这么没用，别人抓你，你就抓他。"更有甚者会对教师说："我就不给孩子剪指甲，这样当别人抓他时，也好还手。"抱有这种思想的家长是不可能教育好孩子的。教师要做好家长的思想工作，改变家长这种不理智的想法。

8. 造成抓伤的主要原因之一，就是幼儿的指甲过长。因此，教师应经常检查幼儿的双手，为其修剪指甲，并给幼儿讲清道理，从而杜绝或尽量减少相互抓伤事件的发生。

百密终有一疏。在幼儿园，万一发生相互抓伤的事情，教师要及时处理。

1. 幼儿年龄小，还不懂事，不会"记仇"，教师应抓住幼儿的这一特点，转移当事幼儿的注意力，让他们忘记刚刚发生过的不愉快，并在心理上减轻抓伤的疼痛感。例如，教师可以利用玩玩具、唱歌和讲笑话等方式转移幼儿的注意力。

在安抚幼儿的同时，教师要及时为幼儿擦药。教师应先用生理盐水或纯净水清洗伤口，然后再用医用酒精消毒。如果伤口比较深，最好把幼儿送到正规医院就诊，必要时应打破伤风针。

2. 发生抓伤的事情后，做好家长工作也非常重要。教师应立即告诉家长孩子的具体情况，并向家长道歉，让家长感受自己的歉意。如果遇到比较强势的家长，也不要退缩，应冷静与之沟通，用自己的爱心和另一方家长的热心来换取他的谅解，从而顺利平息风波。

现在，一个家庭基本只有一个孩子，家长都很疼爱自己的孩子。孩子受伤，家长肯定心疼，难免个别家长会有过激言行。因此，幼儿在幼儿园里一旦有什么状况，教师要及时与家长沟通，告知其缘由以及事情是怎么发生的、自己是怎么处理的，主动承担责任，争取家长的理解和谅解。

30　面部被划伤，避免留疤痕

常见的面部受伤情况有很多，有创伤，如划伤；面部炎症造成感染留下的"坑坑洼洼"；烧伤和烫伤；辐射遗留的疤痕等。其中，幼儿面部划伤的情况在幼儿园中最常见。

当面部被划伤后，受伤部位通常会出现淤血和红肿，严重者会有流脓甚至发黑等症状。治疗之后，如果愈合情况不好，还会出现疤痕，造成容貌的缺陷。这可能会给幼儿造成极大的心理创伤。在日常生活中，常常可以见到面部疤痕影响升学、就业的例子，甚至致使患者因心理压力过大，形成自卑和抑郁等心理疾病。

在幼儿园，幼儿常会因争抢东西而不小心划伤脸蛋。出现这种情况后，教师应及时采取正确的应对措施。

被划伤的症状有轻有重，教师应视具体情况具体处理。

1. 当划伤处无流血或肿胀症状时，应立即用红霉素药膏涂抹在患处。涂抹时，只需要在创口处涂抹薄薄的一层即可，不要用创可贴或绷带。注意要避免药膏接触幼儿的眼睛和口鼻，也不要长期使用。

2. 当划伤处流血时，教师应先用纱布包几块冰，压在伤口处冷敷，以达到止血、镇痛的目的。也可以使用深色的干净毛巾代替纱布，这样可以减轻鲜红的血色给幼儿带来的紧张感。在按压伤口止血时，必须把纱布或毛巾稳固而轻柔地压在伤口上至少 5 分钟，不要为查看伤口的情况而反复拿开纱布或毛巾。5 分钟后，如果伤口仍在出血，可以再按压 5 分钟。在 95％的情况下，用这种方法均可以止血。若 10 分钟后仍流血不止，意味着可能伤及动脉血管，要立刻将幼儿送至医院。

止血后，应用冷开水或生理盐水将伤口清洗干净，不能用热水清洗，因为热水会加速血液流动，刺激出血。也不要使用外用酒精或碘酒消毒，因为这些消毒剂会杀死伤口愈合所必需的新细胞。另外，不要使用抗生素类药膏，因为这类药物会影响伤口愈合的速度。洗净伤口后，可贴上创可贴，以减少伤口被感染的可能。

3. 当划伤造成局部肿胀淤血但没有溃烂出血时，应要先用冷水湿敷，待 48 小时以后再热敷。如果划伤处疼痛难忍，且肿胀加重，甚至出现肢体不适的情况，要送幼儿至医院接受诊治。

4. 有伤口，常规要注射破伤风疫苗，以免受到破伤风杆菌的感染。一般不提倡服用消炎药，使用外用药物就行，因为吃消炎药有可能影响幼儿的肠胃。

破伤风疫苗中含有破伤风抗毒素，破伤风抗毒素（TAT）是一种异种蛋白的抗毒血清，一定要脱敏注射。对于有过敏史的幼儿（如严重湿疹或哮喘等），不到万不得已不要注射破伤风疫苗。有专家认为，只要注射过百白破三联疫苗的 6 岁以下儿童，基本上体内已有足够的抵抗破伤风毒素的抗体存在，外伤后不需再注射破伤风抗毒素。所以，当幼儿面部被划伤去医院治疗时，教师应带上预防接种卡，以供医生参考。

面部划伤后，容易出现疤痕，下面介绍五种祛除疤痕的常用方法：

方法 1. 用手掌根部揉按疤痕，每天三次，每次 5～10 分钟。这个方法对于刚脱痂的伤口治疗效果最佳，对于旧伤疤的治疗效果则不是很明显。

方法 2. 生姜切片后轻轻擦揉疤痕，可以抑制肉芽组织继续生长。

方法 3. 维生素 E 可渗透至皮肤内部发挥润肤的作用，从而保持皮肤弹性，并且它还有很好的祛疤功效。

具体的做法是，把维生素 E 胶囊用针戳破，取其内的液体涂抹在疤痕上轻轻揉按 5～10 分钟，每天两次。

方法 4. 维生素 C 具有美白功效，可以把维生素 C 涂抹在颜色较深的疤痕上，使之与周围健康的肌肤色调一致。

方法 5. 现在，熏衣草精油淡化疤痕的作用已被广泛认可。不过熏衣草精油对于新疤和 8 年以上的旧疤效果不明显。幼儿使用熏衣草精油时最好采用稀释过的精油，使用精油时也要特别小心，不能涂抹到没有疤痕的皮肤上。

31　撞掉了牙齿，不要随意丢弃牙齿

幼儿由于牙根较短且正处于发育期，牙槽骨的骨质疏松、软组织质地脆弱，所以在追逐玩耍时，常会因意外的碰撞把牙齿撞掉。当乳牙被撞掉后，受损的牙髓会坏死和感染，导致急性或慢性根尖炎症的发生，如感染扩散可影响其下的恒牙胚，使釉质变色或发育不全；而当恒牙被撞掉后，很可能不会再生新牙。

人的一生有两副牙齿，即乳牙和恒牙，乳牙是第一副牙齿。约六个月左右的婴儿开始萌生乳牙，到两岁半左右乳牙全部萌出，上下颌的左右侧各 5 颗，共 20 颗。幼儿在五六岁时开始换牙，乳牙陆续脱落。大约 12 岁左右，所有的乳牙全部被恒牙替换完毕。恒牙是人生的第二副牙齿。恒牙在上下颌的左右侧各 7～8 颗，每侧比乳牙多 2～3 颗，共 28～32 颗。恒牙一般在 17～26 岁长齐。

无论是乳牙还是恒牙，对幼儿的身心健康和生长发育等都起着重要作用。牙齿不仅能咀嚼食物、辅助发音，而且对面容的美观与否有很大影响。由于牙齿和牙槽骨的支持，牙弓形态和咬合关系才正常，才会使

面部和唇颊部显得丰满。讲话和微笑时整齐而洁白的牙齿，更能体现幼儿的健康和美丽。相反，如果牙弓发育不正常，牙齿排列紊乱、参差不齐，尤其是牙齿缺失，便会使面容显得不协调、唇颊部失去支持而凹陷。因此在幼儿园，教师一定要注意观察幼儿的行为举止，尽量避免幼儿因意外碰撞而失去牙齿。

为防止幼儿的牙齿被撞掉，教师应做到以下几点：

1. 让幼儿了解保护牙齿的重要性，明白健康的牙齿对自己正常生长发育及今后的生活都有着重要作用。

2. 对幼儿进行口腔卫生知识的普及教育，让幼儿的牙齿更坚固。

（1）刷牙可以及时去除牙齿间的食物残渣和菌斑，因此应让幼儿养成刷牙的习惯，学会正确的刷牙方法，如在刷牙时，牙齿的各面都要刷到，每面要刷 8～10 次，全口牙要刷 3 分钟左右才能保证良好的口腔卫生状态。

（2）健康饮食可以防龋齿，应合理分配幼儿各餐饮食。

生鲜食物，如胡萝卜、红皮白萝卜、或者苹果在被咀嚼的时候，在牙齿表面进行摩擦，可起到清洁牙齿的作用。脂类、某些蛋白质（奶酪的酪蛋白）、矿物质（磷、钙等）和维生素 D 具有抗菌作用，能够限制釉质的无机盐排出。

相反，零食，特别是碳水化合物食品（糖果或者甜饮料、面包和糕点等）和酸性食品（水果和果汁等），通常会增加龋齿的发生几率。糖分可转化为酸，而酸可能破坏牙齿表面的釉质。

如果有条件，在每次吃完食物之后，要让幼儿仔细清洁牙齿。如果没有条件，也可以让幼儿认真用凉开水漱口或者嚼一块无糖的口香糖。

3. 对幼儿进行安全教育。例如，对体育活动中的幼儿进行安全知识普及，采取防护措施，防止意外发生，有时还可以让幼儿戴护齿器以保护牙齿不受损伤。

4. 要教育幼儿团结友爱、礼貌待人，不互相打闹嬉戏、不追逐猛跑。

当幼儿的牙齿被撞掉后，教师应尽快采取应急措施。

1. 被撞掉的牙齿不要随意丢弃，因为幼儿正处于生长发育旺盛时期，组织的修复再生能力很强，只要处理正确及时，被撞掉的牙齿在一定的条件下可以重新放入原来的牙槽窝中，固定一段时间，仍可继续发挥作用，这就是牙再植。

2. 对幼儿进行牙再植一定要分秒必争。从牙齿被撞掉到植回原来牙槽窝中的时间长短，是再植能否成功的关键，时间愈短成功率愈高。被撞掉的牙齿在 30 分钟内植回牙槽窝中，再植成功的可能性特别大，而超过 90 分钟成功率就大大降低了。

因为牙齿完全脱离牙槽窝后，长时间暴露于空气中，干燥的环境会使牙根面的牙周膜细胞坏死而影响再植后的牙周组织愈合，所以对于被撞掉的牙齿，应及时放回原来的牙槽窝中，而不是拿着它去医院就诊。如果被撞掉的牙齿无法放入原位，应将它置于口腔舌下的唾液中，也可放入鲜牛奶或生理盐水中，再赶快就医。

3. 在进行牙再植时，如果被撞掉的牙齿沾满泥土，最好用生理盐水冲洗，切勿用力擦洗或用器械刮擦根面，这样会破坏牙根表面的牙周组织。

32 被割伤或刺伤，根据伤势采取措施

幼儿园发生的割伤、刺伤事故，多是因为幼儿用小剪刀时不谨慎或不小心触摸到玻璃碎片、金属物边缘所致。此外，因花草、栅栏或手工活动材料等造成的幼儿割伤或刺伤，也是幼儿园常见的意外伤害之一。其特点是危害性相对较小，但极易发生。幼儿受伤后，因伤害程度不同，出现的症状也各不相同。

根据割伤或刺伤部位和程度的不同，通常分为动脉出血、静脉出血和毛细血管出血三种情况。动脉出血时血液颜色鲜红、出血较急甚至呈喷射状；静脉出血时血液颜色紫红、血流较慢，流量虽大但容易凝固还

会自动止血；毛细血管出血时血液像小水珠一样渗出皮肤表面，色红，出血处易凝固、易止血。教师必须准确辨别出幼儿的受伤情况，根据其伤势采取相应的处理措施。

幼儿因好动而引起割伤、刺伤是经常发生的事，但是如果出现伤口很深、很大的情况，就比较危险了。所以，教师应防患于未然，事先做好一些安全措施，比如将剪刀、刀片等一些锋利、危险的物品放在幼儿够不到的地方；及时检查教室或活动室的设施，比如门、窗、柱子等，看是否有木头断裂、起皮的地方；做手工时，应禁止幼儿拿着剪刀打闹。要确保一些金属物品和设施不会危及幼儿的人身安全。

幼儿活泼好动，总免不了发生割伤手指、被硬物刺到之类的事情。那么，教师身为幼儿在幼儿园的保护者，当幼儿被割伤、刺伤之后该怎么办呢？如果伤口较轻可自行给孩子止血包扎，若伤口较严重则要到医院进行消毒包扎，否则容易引起伤口感染，产生不必要的麻烦。

具体操作时，教师可以结合实际情况，采取相应的措施：

1. 轻微割伤时，如果伤口非常小，皮肤表面有少量血液微微渗出且伤口处无任何异物，应先用清水清洗或者用双氧水消毒，然后将纱布多叠几层敷在伤口上止血，止血之后贴上创可贴即可。

2. 如果幼儿伤口处有金属或玻璃碎片等残留物，应先用医用镊子将残留物轻轻夹出；然后对伤口及周边皮肤进行消毒。用消过毒的棉球按由内向外的顺序擦洗创口周边的皮肤；最后再用无菌水冲洗，用消毒纱布包扎伤口。

需要注意的是，如果割伤的部位是手臂，教师应告诉幼儿不要将手臂和手指伸直，要放松，手臂适当抬起，手指自然弯曲。同时，千万不要试图用布条、绳索等将幼儿的手臂或手指紧紧捆绑来止血。

3. 当幼儿的伤口比较深时，应用重叠几层的消毒纱布敷住整个伤口，并用力压住伤口，但是不能过于用力，同时将幼儿的伤口抬到高于心脏的位置。如果仍然不能止血，应立刻叫救护车或者送幼儿去医院。

4. 若幼儿被割伤、刺伤情况比较严重，教师无法靠自身能力救护，应尽快辨明情况，即刻将幼儿送往医院处理。

（1）当头部或眼睛周围被割伤时

面部的皮肤比较细嫩，而且幼儿发生擦伤时常常会头部先着地，眼睛周围或面部的伤口可能会留下疤痕。为了保险起见，在简单处理后，教师应该带幼儿去小儿外科、眼科就诊。

（2）当伤口很痛时

如果尖锐物或者玻璃碎片残留在伤口里，幼儿会觉得非常痛，这时教师千万不要试图用力将其挤出，因为有残留物在伤口中增加了患破伤风的危险，所以要立即带幼儿去医院。

（3）当伤口有异物无法取出时

处理伤口时，如果伤口中留有泥沙、玻璃碎片等异物，用清水或生理盐水冲洗不出来，千万不要强行拿出或用力揉搓伤口，此时应立刻带幼儿去医院外科就诊。

（4）当被玻璃或钉子扎到时

当幼儿被玻璃或钉子扎到时，教师不要试图拔出钉子，要在伤口周围裹上干净的纱布，防止钉子、图钉等异物移动，之后立即带幼儿去医院外科就诊。

（5）当伤口一直潮湿时

这种情况很有可能是伤口化脓了，也需要教师即刻送幼儿去医院外科就诊。

（6）当腹部被刺伤、割伤时

出现这种情况，教师应即刻带幼儿去医院，或者呼叫救护车，请就近的医生来救治。

33　幼儿园发生火灾，及时疏散幼儿

火灾，是指火源失去控制蔓延发展而给人民生命财产造成损失的一种灾害性燃烧现象。发生火灾的主要原因可归纳为三个方面：一是人的

不安全行为（含放火）；二是物质的不安全状态；三是工艺技术的缺陷。

幼儿园有现代化的教学设备、优越的教育条件、精美的室内装修、色彩艳丽的各类玩具，殊不知就在这种环境下存在着火灾隐患。

1. 幼儿园使用的桌、椅、板凳、玩具柜、床大多是木制品，玩具是塑料制品、纸制品，被褥是棉制品，这些都是易燃品，一旦着火，后果不堪设想。

2. 幼儿园人员集中，多为6岁以下幼儿，他们生活自理能力差，发生火灾后容易恐慌，不易逃生，给救援工作带来了极大的困难。

3. 幼儿园食堂、卫生间电器多，若不进行安全管理，如果发生火灾，将会很危险。

4. 有的园所还对幼儿园的建筑私自采用易燃材料进行装修，从而加大了幼儿园的火灾隐患。

5. 好奇、爱动是幼儿的天性，有的幼儿喜欢模仿成人玩火，有的幼儿模仿大人使用电器，如果对这些火源、电源管理不善，教师与家长安全教育不到位，很可能引发火灾。

幼儿园是幼儿聚集的场所，他们人数多、年龄小，自救能力差，如果缺乏安全应急知识，一旦发生火灾事故，幼儿必定会惊慌失措、乱跑乱撞，后果不堪设想。在幼儿园里，教师除了做好幼儿的日常教育和保育工作外，还要了解幼儿园发生火灾的原因，充分认识火灾的危害性，增强防火责任心，做好幼儿的安全防护和教育工作。

幼儿逃生能力差，发生火灾时，教师应采取以下应急措施：

1. 一旦发现幼儿园发生火灾，教师要及时报警，一是向"119"报警；二是向幼儿园领导报警；三是向发生火灾班组或周围师生报警。

2. 稳定幼儿情绪，防止引起全园恐慌，马上切断身边的电源。

3. 尽最大努力扑灭初起火源、削弱火势，或关闭门窗控制火势蔓延，为疏散幼儿争取更多时间。教师在幼儿未完全撤离且又能确保自身安全的情况下不得撤离火灾现场。

4. 疏散线路原则上按照幼儿出操路线，情况特殊时可根据火灾发生的地点，果断更改，引导幼儿有序撤离。撤离的原则是，离火源近的班级先撤，离火源远的班级后撤，这样既能确保全员安全，又便于扑救人员进出。火灾发生时，由带班教师迅速指挥撤离，配班教师配合组织撤离。

5. 简易防护，掩鼻匍匐。火场逃生时，要让幼儿用毛巾、衣服或围巾捂住自己的鼻子和嘴巴，再将衣服或棉被蘸湿裹在身上，贴着地面爬行，以防止因烟雾中毒而窒息。

6. 在火场上，如果发现有幼儿身上着火，教师千万不要让其惊跑或拍打，因为这样会加速氧气的补充，助燃火势。正确做法是赶紧让幼儿脱掉衣服或就地打滚，把火压灭。

7. 稳定幼儿情绪。无论幼儿园何处发生火灾，教师都应将幼儿撤到操场，然后迅速清点幼儿人数，并向领导汇报幼儿情况。如火灾是发生在幼儿午睡时，教师应马上叫醒幼儿，迅速撤离现场。

8. 确保联络畅通。在火灾发生时，教师要确保联络畅通，及时通信，将有关情况报告园长。

9. 火灾扑灭后，保护好火灾现场，做好善后工作，并联系家长。

"防患于未然"是我国消防工作的一个基本原则。防止火灾发生的关键是做好火灾的预防。那么，如何提高幼儿的消防安全意识，教导他们面对滚滚浓烟而机智逃生呢？

1. 消防安全教育

教师要定期对幼儿进行消防安全教育，提高幼儿的防火意识。开展防火安全知识教育活动，讲授消防知识，告诉幼儿一些看似平常的不当行为会带来怎样的火灾危险，让幼儿通过体验提高消防安全素质。

2. 经常演练，提高幼儿的自救能力

火灾具有偶发性、突发性的特点，这使得火灾事故防不胜防。在积极做好火灾预防工作的同时，教师还应构筑抵御火灾的最后一道屏障。这道屏障主要由两个方面组成，一方面是要配置完善的消防设施、设备；另一方面是要提高幼儿自救的能力。

教师要根据幼儿园自身的情况为幼儿制订应急疏散预案，开展有针对性的疏散演练，使幼儿掌握应对突发事件的基本程序和技能，切实提高自救能力。

3．定期检查，及时消除火灾隐患

为了尽可能杜绝火灾的发生、减小火灾的危害，要彻底消除各种致灾因素。教师应经常检查火灾自动报警系统、自动灭火系统、室内外消火栓系统、安全疏散通道、应急照明灯和指示标志等消防设施，使其始终处于完好状态，充分发挥消防设施的作用。

4．开展应急救护知识培训

教师应以组为单位，针对幼儿园发生火灾事故时可能出现的烧伤、烫伤、砸伤、昏迷等情况，开展以"烫（烧）伤处理、骨折部位包扎、心肺复苏"等紧急救护技能为内容的培训，不断提高幼儿的急救技能。

34 防止幼儿遇到外来暴力侵害

幼儿遭遇外来暴力的原因，一般包括恐怖分子造成的破坏性行为、由各种因素引起的对社会不满的极端分子的恶性行为、歹徒在被追捕过程中的威胁性行为、因严重利益冲突而引发的报复性行为以及精神病人的严重失控行为等。

了解了外来暴力的特点，可以更好地防范。在校园发生的外来暴力侵犯具有以下几个方面的特点：

1．实施校园暴力的行凶者一般经济上较困顿，无稳定收入来源，他们中有很多人由于精神病或其他原因，无法获得工作机会。

2．行凶者一般选择小学或幼儿园作案．作案对象是毫无反抗能力的小学生和幼儿。

3．行凶者作案时间一般选择在幼儿上学或放学时，其次是上课期间。

4. 发生在幼儿园的暴力事件，行凶者都不是因为与幼儿或教师有矛盾而导致，而是对社会不满，将毫无反抗能力的幼儿作为发泄对象。

为防止幼儿遭受外来暴力的侵害，幼儿园应采取以下预防措施：

1. 由经职业培训、有资质的专职保安担任门卫，严格门卫登记、验证制度，严格值班监视制度。

2. 加强对园内有精神病症状的工作人员的管理。为确保幼儿安全，具有精神异常症状的人员必须在正规的精神卫生部门进行鉴定，一旦确诊为精神病人，幼儿园应劝其在家休养治疗，经济待遇上给予帮助和照顾。

3. 对可能引发矛盾、激化事件的园内人员要做好矛盾的化解工作，及时采取措施，避免事态扩大。

4. 加强对师幼的法制和安全教育，增强师幼的自我保护意识。

5. 积极组织师幼进行防范暴力事件演习，提高师幼的防范和自救能力。

如果幼儿已经受到外来暴力侵害，教师应采用以下适当的应急措施：

1. 发现异常情况，马上报告园长或者拨打110报警。

2. 采取措施，迅速抢救受伤幼儿，并拨打120寻求医护支援。

3. 利用一切手段稳住不法分子，尽力劝其终止犯罪，防止再伤害事件的发生。

4. 配合公安干警制止不法分子。

第三章　室外活动时，出现意外伤害事故

幼儿是人一生中生命力最强、健康问题最少的阶段，但却是意外伤害的多发年龄段，其发生原因多因他们缺乏一种自觉的防护心理，缺乏事故安全知识和防范意识，如不小心、考虑不周等生活方式所致。幼儿园意外伤害的源头，一般来自于活动场地、设施不安全因素，也有来自教师工作期间疏于职守及来自孩子自身的动作发展差、无安全意识等。幼儿园应该加强幼儿的自我安全保护意识，这才是防范幼儿园意外伤害之根本。

35 **发生脱臼，判断伤处予以治疗**

脱臼又称关节脱位，是指因外力或其他原因造成人体骨骼的关节面失去正常的对合关系。因外伤引起的脱臼为外伤性脱位，因关节病变引起的脱臼为病理性脱位。关节面完全丧失对合关系的脱位为完全脱位，部分丧失的为半脱位。

外伤性脱位在幼儿脱臼中较为常见。幼儿最易发生脱位的关节是肘关节，其次是肩及髋关节。外伤性脱位后关节局部会出现疼痛、肿胀、活动障碍等反应，甚至可能出现畸形，教师可据此诊断是否发生脱臼。

复发性脱臼俗称习惯性关节脱臼，主要分为两类：

第一类是自己可以把关节弄脱位，又可以再弄回正常位置，也就是幼儿可以"表演"关节自由进出。

习惯性关节脱臼的幼儿，一般没有明显创伤的病史，而身上多处关节也可能有过度伸展及松弛的现象。譬如，大拇指可以轻易后折并触及前臂、肘关节或膝关节过度挺伸，其最主要的原因是先天性身体的组织较松弛而造成的关节不稳定，而且是多方向性的。

第二类是最常见的，主要是因为创伤，即幼儿经由外力造成关节脱位后的后遗症。

因受伤后造成的习惯性脱位，多是因为明显的创伤，如幼儿的运动伤害，像投掷动作太过用力或投掷过程突遇阻力；又如摔倒时以手撑地或肩膀着地等意外的动作，造成肩关节脱位，几乎都是前方向的脱臼，在保守治疗（关节复位）后，又再发生脱位或半脱位的情形。

脱臼部位会明显畸形、疼痛剧烈。皮肤下常能明显感觉到脱臼骨骼的一端。幼儿因脱臼而痉挛的肌肉可能会缠绕骨骼，复位动作会有剧烈的疼痛。

幼儿脱臼后如不及时采取措施，就有可能产生较为严重的后果，因此，教师发现幼儿脱臼后，应及时采取必要的措施来帮助幼儿，使脱臼部位尽快恢复正常。

当幼儿脱臼时，教师可采取以下措施：

1. 判断伤处的过程中，教师的动作一定要轻缓，不要用力弯曲幼儿的关节。为避免脱臼的幼儿再度跌倒受伤，教师应让其坐下或躺下，查看是否有其他伤处，并检查远端脉搏。

（1）肩部脱臼

当幼儿肩部脱臼时，教师可先脱去自己的鞋子，用脚撑在幼儿的腋下，拖动脱臼的臂部，使之复位。

教师还可屈肘90°，用做杠杆，顶住幼儿的关节窝，使脱臼的部位复位。然后用吊索支持臂部，并用绷带使之与幼儿的胸部固定。

（2）手指脱臼

当幼儿手指脱臼时，教师可一只手握牢幼儿的腕部，另一只手轻轻拽动幼儿的手指，再慢慢放松，使关节复位。此方法教师只可用拇指轻轻一试，如不起作用，则不可再进行下去，以防引起更严重的伤害。

（3）腭部脱臼

幼儿腭部错位通常是由于受到击打引起，而有时甚至是因为打呵欠。当幼儿腭部脱臼时，教师可在幼儿的下牙上放一块布衬垫，使幼儿的头部靠牢。然后，教师可用拇指向下压动衬垫，同时用手指使腭部错位处前后转动，这样会使其突然复位。幼儿腭部复位后，教师应用绷带将幼儿的头部与下颌缠绕固定。

2. 应用夹板、绷带轻轻地将幼儿脱臼的部位固定，保护脱落的关节之后，应及时联系家长，将幼儿送到医院进行进一步的诊治。在送幼儿去医院的过程中，为了减缓幼儿的疼痛，教师可以为其冰敷患处。

3. 康复后的注意事项

曾经有过脱臼史的幼儿，不小心护理容易再次脱臼。因此，教师应避免用力或过猛地牵拉幼儿的肢体。给幼儿穿衣服时，教师的动作要轻，要顺着幼儿，不要生拉硬拖。牵着幼儿的手走路或上下台阶时，不能像提东西那样提起幼儿的手臂。

教师应如何诊断幼儿是否脱臼以及脱臼的严重程度呢？

1. 在幼儿伤侧距离心脏的远处摸脉搏，如幼儿手肘脱臼，教师可检查幼儿的桡动脉；幼儿肩部脱臼，教师可检查幼儿的肱动脉；幼儿足踝脱臼，教师可检查幼儿的足背动脉等，并在幼儿伤肢的指甲上施压后放松，测其恢复正常颜色的时间，正常值应小于两秒，若教师摸不到幼儿的脉搏或指甲颜色恢复很慢，表示幼儿受伤严重，或固定包扎得太紧，必须及时送医或放松包扎。

2. 在检查幼儿脱臼时，教师可要求幼儿自行摆动上、下肢体，触摸幼儿的手指或脚趾，视其是否能辨识清楚，若幼儿意识不清，则尝试轻轻掐一下幼儿，观察其疼痛反应情形。

（1）手脚异样

如果幼儿的手脚抬不起来，即便抬起来也很费劲，或者出现两手、两脚不一样长的情况，在排除骨折的可能后即可确定幼儿脱臼了。

（2）手脚无法移动

当幼儿突然疼痛，并且伴有手腕或脚痛得动不了时，极有可能是因为发生了脱臼。

（3）肩部异样

肩部关节就如同一个球在手套中的感觉一样，并不稳固。若幼儿受到打击、跌跤、抽筋或用力丢球，则极有可能会造成肩部脱臼。96％的肩部脱臼的幼儿，其肱骨头会被迫向前。肩关节脱臼还会合并上肢骨折，兼韧带裂伤或血管及神经受伤。此时，除无法动弹外，幼儿有时还会因剧烈疼痛而昏倒。若仅有肩部痛而没有任何外伤，教师应先按幼儿发生脱臼的原因来评估，如疼痛的位置、感觉、伤侧与健侧运动功能之比较以及衰弱的情形与无力感等。

36　韧带损伤了，容易留下功能障碍

韧带损伤是指幼儿在游戏、锻炼中由于外力使关节活动超出正常生理范围，造成关节周围的韧带拉伤、部分断裂或完全断裂。

幼儿韧带损伤以膝关节韧带损伤最常见。幼儿的关节囊松弛薄弱，关节的稳定性主要依靠韧带和肌肉，以内侧副韧带最为重要，其次为外侧副韧带及前、后交叉韧带，一旦受到暴力冲击，就极有可能导致韧带损伤。

幼儿出现韧带损伤的机制及病理变化有哪些呢？

1. 内侧副韧带损伤，这是幼儿膝外翻暴力所致。当幼儿关节外侧受到直接暴力，导致关节猛烈外翻时，便会撕断内侧副韧带。当幼儿关节半屈曲时，小腿突然外展与旋转，也会使内侧副韧带断裂。幼儿内侧副韧带损伤多见于运动创伤。

2. 外侧副韧带损伤，这主要是幼儿膝内翻暴力所致。因幼儿外侧方髂胫束比较强大，所以单独外侧副韧带损伤比较少见，如果暴力过大，幼儿的髂胫束和腓总神经都难免会受到损伤。

3. 前交叉韧带损伤，幼儿膝关节伸直位下内翻损伤和膝关节屈曲位下外翻损伤，都可使其前交叉韧带断裂。一般来说，幼儿前交叉韧带很少会单独损伤，往往会兼有内、外侧韧带与半月板损伤，但在幼儿关节过伸时，有可能会单独损伤前交叉韧带。另外，如果暴力来自幼儿膝关节后方，胫骨上端的力量也可以使其前交叉韧带断裂。

4. 后交叉韧带损伤

无论幼儿膝关节处于屈曲位还是伸直位，来自前方的使其胫骨上端后移的暴力都可能使幼儿后交叉韧带断裂。在幼儿韧带损伤中，后交叉韧带损伤较为少见，它通常与前交叉韧带同时损伤，单独的后交叉韧带损伤更为少见。

教师可以通过以下方法对幼儿韧带损伤类型做出明确诊断，进而采取正确的方法来帮助幼儿。

1. 教师可在幼儿膝关节完全伸直位与屈曲 20°～30° 位置下，做被动膝内翻与膝外翻动作，并与对侧比较，如果幼儿疼痛，或发现幼儿膝关节内翻、外翻角度超出正常范围，并有弹跳感时，即可确定幼儿有侧副韧带扭伤或断裂。

2. 教师可让幼儿膝关节屈曲90°、小腿垂下，用双手握住幼儿胫骨上段，做拉前和推后动作，并注意幼儿胫骨结节前后移动的幅度。前移增加表示幼儿前交叉韧带断裂，后移增加表示幼儿后交叉韧带断裂。由于幼儿正常膝关节屈曲90°位置下胫骨也能有轻度前后被动运动，所以教师需将幼儿的健侧膝与患侧进行对比判断。

幼儿单独前交叉韧带断裂时，胫骨前移幅度仅略大于正常，若前移明显增加，说明可能还合并有内侧副韧带损伤。

3. 教师可让幼儿侧卧，自己站在一侧，一手握住幼儿踝部，屈曲关节到90°，另一手在外侧施力，使之处于外翻位置，然后缓慢伸直关节，至屈曲30°位时，如果幼儿感觉疼痛即可确定有韧带损伤情况。

4. 教师可让幼儿仰卧，在其患肢大腿下垫一硬枕，使幼儿患膝屈曲30°～40°，其间教师不用触及幼儿的伤腿，要让幼儿尽量放松腿部肌肉。然后可让幼儿伸直关节，抬起小腿，足跟离床，再放下足跟，放松股四头肌。教师从外侧面观察幼儿膝关节的活动，如果是前交叉韧带损伤，幼儿伸膝时，可观察到幼儿外侧胫骨平台在股骨髁上向前滑动，造成向前的轻度半脱位；幼儿膝关节松弛回到屈曲位时，可观察到幼儿胫骨平台向后移动，向前的半脱位复位。教师可让幼儿健侧膝做同样的试验来进行对照、鉴别。

早期正确处理幼儿韧带损伤非常重要，因为韧带组织不易再生恢复，如果处理不当，就有可能导致韧带损伤转成慢性疾病，甚至可能遗留下功能障碍，以后也容易导致幼儿再次出现韧带损伤。具体来说，教师可采取以下措施来进行处理：

1. 冷敷就是冷冻疗法，即教师利用比幼儿身体温度低的冷水、冰块等刺激患处，进行初期治疗，以止血、退热、镇痛、麻醉和消肿。方法是教师将毛巾浸透冷水后，放在幼儿的伤部，每两分钟换一次，或者将冰块装入塑料袋内，对幼儿伤部进行外敷。这种方法可以使幼儿损伤处的血管收缩，减轻局部充血，抑制感觉神经，缓解疼痛。

幼儿韧带损伤后的24～48小时以内使用冷冻疗法比较有效，如果超出这一时间，教师就应该采取热攻的治疗方法。

2. 热攻就是通过热疗，促使幼儿损伤部位局部血管扩张，改善血液和淋巴循环，促进淤血和渗出液的吸收。热攻具有消肿、散淤、解疼、镇痛、减少粘连和促进损伤愈合的作用。常用的方法是将毛巾浸透热水或热醋后，敷于幼儿韧带损伤部位，每次敷 30 分钟左右。

3. 对受伤处轻轻按摩。

（1）内侧副韧带损伤

可让幼儿仰卧于床上，屈髋屈膝。教师扶膝握踝，以扶膝的手指揉按内侧副韧带处，握踝的手摇转幼儿的小腿，再伸直其下肢，然后双手合抱幼儿膝部进行揉捻。

（2）外侧副韧带损伤

教师可让幼儿侧卧于床上，伤肢在上，让另一名教师固定幼儿大腿，自己则一手扶住幼儿的膝部按揉伤处，一手握住幼儿的脚踝摇转小腿，交替做拔伸、屈髋和屈膝动作，按揉伤处。

应当注意的是，幼儿韧带损伤多与半月板损伤、膝内外侧副韧带损伤合并存在，所以，教师应联系医生对幼儿做详细检查，并遵照医嘱妥善采取措施。

37 撞伤鼻子，注意康复工作

鼻骨是人体面部最突出的部位。幼儿的鼻骨结构脆弱，受到撞击时极易造成鼻骨创伤。

幼儿鼻骨创伤可单独发生，也可能和其他颌骨创伤同时发生。外鼻突出于面部，易遭受撞击发生损伤。外鼻创伤占幼儿鼻部创伤的 50%，其中以裂伤和鼻骨骨折较为多见。幼儿外鼻创伤常伴有鼻中隔外伤，还可能出现软骨脱位、弯曲、骨折、黏膜撕裂及鼻中隔穿孔等。

由于暴力作用的情况不同，幼儿鼻骨创伤的程度亦不同，因而会表现出不同的形态。

1. 幼儿鼻骨创伤的类型取决于暴力的性质、方向和大小。如打击力来自侧方，可发生一侧鼻骨骨折并向鼻腔内移位，造成弯鼻畸形；如打击力量较大，可出现幼儿双侧鼻骨连同鼻中隔同时骨折的情况，整个鼻骨向对侧移位，畸形更为明显；如外力直接打击于幼儿鼻根部，则可发生横断骨折，幼儿的鼻骨与额骨分离，骨折片向鼻腔内移位，同时可并发鼻中隔和筛骨损伤；如幼儿鼻骨受到正前方的暴力打击，则可发生粉碎性骨折及无塌陷移位，出现鞍鼻畸形。

2. 鼻腔黏膜与骨膜紧密相连，因此，幼儿鼻骨创伤常会伴有鼻腔黏膜撕裂而出血。

3. 幼儿遭遇鼻骨创伤后，会出现血肿及血凝块存积等症状。

4. 幼儿遭遇鼻骨创伤后，现淤斑。会出现创伤骨折片移位、鼻黏膜水肿、鼻中隔使鼻腔阻塞而导致鼻呼吸障碍，因组织内出血渗至双侧眼睑及结合膜下而出现瘀斑。

5. 当幼儿鼻骨创伤伴有筛骨损伤或颅前凹骨折时，可能会发生脑脊液鼻漏。初期为混有血液的脑脊液外渗，以后则血液减少或只有清亮的脑脊液流出。

6. 幼儿遭遇鼻骨创伤后疼痛感不强，但骨折部位触压痛明显，往往有骨擦音。教师如果用两手指同时触摸幼儿两侧鼻骨下缘，可发现骨折侧失去正常的坚硬抗力感。若幼儿在伤后有擤鼻动作，气流可能通过黏膜撕裂口弥散于鼻背及同侧眼睑，从而导致皮下捻发音。

当幼儿遭受鼻骨创伤时，教师可采取以下措施来帮助幼儿：

1. 鼻外复位法，这种方法可用于幼儿向侧方移位的鼻骨创伤，具体做法是教师用双手拇指压迫幼儿向外凸起的骨折片，使骨折部位复位。

2. 用夹板保护，为防止幼儿鼻外部受压，教师可用夹板给予保护，或在幼儿鼻两侧各置小纱布卷，用胶布固定。同时教师应阻止幼儿挤压鼻部。

3. 用纱布填塞鼻孔，幼儿鼻骨骨折后出血，如不易自行停止，教师可用纱布填塞幼儿的鼻孔来帮助止血。

教师在处理时可让幼儿采取坐姿，头往前倾，同时按压鼻翼止血。

有条件的，可以用冰敷幼儿前额部或鼻梁处，促使血管收缩，减少流血。出血较多的，教师可以用纱布卷、脱脂棉或吸水性好的纸巾轻轻塞进出血的鼻孔。但需注意的是，让幼儿头向后仰、鼻孔朝上的止血方法不可取，因为这样有可能导致幼儿窒息；对于颅脑外伤的幼儿，不能使用填塞法来止鼻血。

4. 用抗生素预防感染，如果幼儿鼻骨骨折合并有脑脊液漏，教师可任其畅流，不要填塞鼻道，并用抗生素预防感染。

之后，教师应及时联系家长，将幼儿送往医院做进一步的诊治。

38 闪了腰，减轻幼儿所受的伤害

闪腰又称急性腰扭伤，是幼儿腰部软组织包括肌肉、韧带、筋膜、关节、突关节的急性扭伤。临床上，一般将急性腰部扭伤分为急性腰肌损伤，棘上、棘间韧带损伤和后关节滑膜嵌顿三类。

幼儿急性腰扭伤主要是肢体超限度负重、姿势不正确、动作不协调、突然失足、猛烈提物、运动前没有准备活动、活动范围过大等原因造成的。

幼儿一旦出现腰扭伤，会立即腰部僵直，身体的弯曲与旋转也会出现困难。幼儿腰扭伤的疼痛剧烈且波及范围大，肌肉可能会痉挛，咳嗽或打喷嚏会使疼痛增加，严重的可能难以行走。

幼儿一旦出现急性腰扭伤，会有以下几方面的表现：

1. 腰部一侧或两侧剧烈疼痛，活动受限，不能翻身、坐立和行走，常需保持一定的强迫姿势以减轻疼痛。

2. 腰肌和臀肌痉挛，教师抚摸可触及条索状硬物，损伤部位有明显压痛点，脊柱生理弧度改变。

3. 幼儿急性腰扭伤后即感到腰痛，不能继续用力，疼痛为持续性的，活动时加重，休息后也不能消除，咳嗽、大声说话、腹部用力等均可使疼痛加重。

4. 腰部僵硬，翻身困难，骶棘肌或臀大肌紧张，脊柱可能出现侧弯。

5. 损伤部位有压痛点，在棘突两旁骶棘肌处、两侧腰椎横突处或髂脊后有压痛处，出现这种情况，多为腰部肌肉或筋膜损伤。若在棘突两侧较深处有压痛，则多为椎间小关节损伤。若在骶髂关节部有压痛，则多为骶髂关节损伤。

幼儿急性腰扭伤治愈后，教师应注意尽量避免幼儿再次出现腰扭伤，具体来说，教师需关注以下几点：

1. 应让幼儿学会站、坐、走的正确姿势，否则会造成局部肌肉受力不均衡，使得各部位的肌肉力量不均匀，这样容易造成肌肉劳损。尤其在搬运重物时，教师应教育幼儿走到物体前，先屈膝蹲下来，将物体用双手捧住后，再起立搬运，千万不要用腰部发力，否则会再次伤及腰部。

2. 不应让腰扭伤痊愈不久的幼儿做弯腰、扭腰的动作。腰扭伤是防不胜防的，一个很简单的动作都可能导致严重的后果，譬如弯腰、擦桌子、拖地、扫地等，严重的时候打个喷嚏也可能导致腰扭伤复发。所以，教师应随时提高警惕。

3. 应指导幼儿锻炼腰部肌肉。一般的锻炼方法是俯卧，以腹部为支撑点，头向上抬起，然后仍然以腹部为支撑点，双脚向上抬起，最后争取头和脚同时向上抬起。

4. 应让腰扭伤的幼儿戴上护腰，一是可以保暖，腰部温暖了，肌肉可以舒展、不易发生痉挛，减少扭伤的再次发生；二是护腰能限制幼儿腰部的扭动幅度，让幼儿不易再次扭伤。

教师应让腰部扭伤的幼儿睡硬板床，而不要睡柔软的床。教师可以将硬板床垫秤厚一点，这样能保持幼儿脊柱的生理弯曲，幼儿也会感觉舒适。

不管幼儿出现哪种腰扭伤，教师都应及时采取措施，来减轻幼儿所受的伤害。

幼儿从高处拿东西或剧烈运动时，很容易造成腰部扭伤，这种情况多是腰部肌肉损伤，但疼痛比较剧烈，有时甚至动不了。面对幼儿的急性腰部扭伤，教师可以采取以下措施：

1. 幼儿腰扭伤时，教师应让其安静休息，并注意让幼儿保持舒适、能缓解疼痛的休息姿势，如弯腰伏在床上。

2. 在幼儿腰扭伤后，教师可冰敷幼儿的疼痛部位，以消除幼儿损伤部位肌肉和椎间盘周围产生的炎症。

3. 可让急性腰扭伤的幼儿采取俯卧姿势，用手掌在幼儿的脊柱两旁，从上往下边揉边压，至幼儿臀部向下按摩到幼儿的大腿下面、小腿后面的肌群，按摩几次后，再在幼儿最痛的部位用大拇指推揉几次。

4. 教师可用炒热的盐或沙子包在布袋里，热敷幼儿的扭伤部位，每次半小时，早晚各一次。在热敷过程中，应注意不要烫伤幼儿娇嫩的皮肤。

5. 用药物外敷，帮助幼儿减轻痛苦。

（1）可用解痉镇痛酊揉擦幼儿扭伤的腰部。

（2）可用红花油揉擦幼儿扭伤的腰部。

（3）可取新鲜生姜，将内层挖空，把研细的雄黄放入生姜内，上面用生姜片盖紧，放瓦上焙干，把生姜焙成老黄色，放冷，研成细末，撒在伤湿膏上，贴在幼儿的扭伤部位。

如果采取以上措施仍不能缓解幼儿腰部的疼痛，教师应尽快联系家长将幼儿送到医院就诊。

39 手被木刺扎伤，要努力安慰幼儿

在日常生活、游戏中，幼儿的手指可能会被木刺扎伤，如果木质和竹质刺折断残留于指甲下和手指软组织中，将会使幼儿疼痛难忍。

其实，幼儿被木刺扎伤的伤口大小或出血多少是次要的，教师主要应该注意有无木刺残留在伤口中。因为木刺残留在伤口中有可能使伤口化脓，而且被刺伤的伤口往往又深又窄，容易被破伤风细菌侵入，故教师应及时帮幼儿取出木刺，以消除隐患。

如果幼儿的手指刺伤严重，教师应联系家长将幼儿送到医院注射破伤风抗毒素，以防感染破伤风。

幼儿手指被木刺刺伤后的破伤风叫伤后破伤风，死亡率高达 20％～50％。一般在伤后 6～10 天发病，也有伤后 24 小时或数周后才发病的。此类破伤风发病时间短，症状严重，对幼儿的危险性大。

幼儿如果感染了破伤风，起初先有乏力、头晕、头痛、烦躁不安或打呵欠等前驱症状，接着会出现强烈的肌肉收缩：首先是牙关紧闭，张口困难，表情肌痉挛；然后是背部肌肉痉挛，头后仰出现角弓反张。感染幼儿如发生呼吸肌痉挛，可造成呼吸停止，导致窒息死亡。因此，当出现幼儿手指被木刺扎伤的情况时，教师不能掉以轻心，应及时采取措施。

当幼儿被木刺扎手时，教师可以采取以下应急方法：

1. 首先要尽早将木刺挑出来。如果木刺色与皮肉颜色相同，较难以分辨，教师可在幼儿的手指伤处涂点红药水，这样木刺就容易看出来了。如果木刺较长，有一部分露在皮肤外面，可用小镊子顺着刺入的方向，轻轻地将它拔出，注意不要拔断。木刺完整拔出后，教师可轻轻挤压伤口，把伤口内的积血挤出来，以减少伤口感染的几率。然后将伤口的周围用碘酒消毒一次，再用酒精涂擦两次，用消毒纱布包扎好。

2. 如果木刺外露部分很短，镊子无法夹住，教师可用消过毒的针挑开伤口的外皮，适当扩大伤口，使木刺尽量外露，然后用镊子夹住木刺轻轻向外拔出，之后将伤口再消毒一遍，用干净的纱布包扎。

3. 如果木刺扎得较深或全部扎入幼儿手指的皮肉里，教师可用碘酒或酒精对扎刺的部位皮肤进行消毒，将针在火上烧灼消毒或用碘酒、酒精涂擦消毒后，看准木刺扎入的地方小心地将刺挑出，尽量减少对周围组织的损伤。如果看不清，可让其他人拿一放大镜，在放大镜下会看得更清楚。

4. 在幼儿手指上用针挑木刺会比较痛，为防止幼儿乱动，教师可请其他教师帮忙。

如木刺扎得太深或扎入指甲下，教师需及时联系家长将幼儿送往医院，请医生诊治。

40 踝关节扭伤，给予有效的治疗

踝关节扭伤是指幼儿因旋转、牵拉或肌肉猛烈而不协调的收缩等间接行为，使踝关节突然发生超出生理范围的活动时，引起肌肉、肌腱、韧带、筋膜和关节囊等组织产生撕裂、断裂或移位等，以踝关节局部肿胀、疼痛、活动受限、皮色紫青为主要表现的损伤性疾病。

幼儿踝关节扭伤主要有以下两种临床症状：

1. 外侧韧带损伤由足部强力内翻引起。外踝较内踝长和外侧韧带薄弱，使足内翻活动度较大，因此，在临床上，幼儿的外侧韧带损伤较为常见。

幼儿踝关节扭伤时，外侧韧带部分撕裂较多见，其临床表现是踝外侧疼痛、肿胀、走路跛行，有时可见皮下淤血，外侧韧带部位有压痛，足内翻时外侧韧带部位疼痛加剧。

幼儿踝关节扭伤时，外侧韧带完全断裂较少见，局部症状更明显。由于失去外侧韧带的控制，可出现异常内翻活动。有时外踝有小片骨质连同韧带撕脱，称撕脱骨折。

2. 内侧韧带损伤由足部强力外翻引起，发生较少。其临床表现与外侧韧带损伤相似，但位置和方向相反。主要表现为幼儿的内侧韧带部位疼痛、肿胀、压痛，足外翻时内侧韧带部位疼痛，也可有撕脱骨折。

教师在检查幼儿踝关节扭伤时应注意观察疼痛和压痛点的位置，肿胀的程度、踝关节是否畸形等。这时，教师应一手握住幼儿的踝关节上端向后推，同时另一只手握住幼儿的足跟向前拉，检查活动范围是否变大，以和未受伤一侧比较。

主动预防幼儿因运动导致的踝关节扭伤与扭伤后及时、正确地处理是同样重要的。那么，教师应如何进行有效预防呢？主要有以下几个方面：

1. 教师应引导幼儿进行正确、合理的训练与游戏。教师应引导幼儿掌握正确的训练、游戏方法，科学地进行活动。

2. 在实际生活中，有不少运动损伤是由于幼儿的准备活动不足造成的。因此，教师教育幼儿在活动前做好准备活动十分必要。

3. 教师应建议幼儿在做不同的活动时选择相应类型的鞋子。如在不平的路面运动时，选用高帮鞋或靴子。

4. 教师应阻止幼儿穿已经变形或鞋底不平的鞋子。

教师积极预防，对受伤幼儿及时采取措施进行治疗，才能减少幼儿踝关节扭伤发生的几率。

当确定幼儿踝关节扭伤后，教师应及时采取措施，帮助幼儿矫正踝关节扭伤。

踝关节扭伤是幼儿运动损伤中发生率最高的，发生的原因大多是身体失去重心、落地时踩在别人的脚上或被绊倒。当幼儿踝关节扭伤时，教师可采取以下措施：

1. 按摩治疗，缓解幼儿的疼痛。

（1）可让踝关节扭伤的幼儿仰卧，轻擦幼儿的伤部，以透热为度。

（2）用拇指指腹在幼儿损伤的局部轻柔地按揉，时间为1～3分钟。

（3）可让幼儿呈坐位，教师一手由外侧握住足跟，用拇指压于幼儿韧带所伤之处，另一手握住幼儿的跖部，轻摇1分钟。

（4）可双手握住幼儿的足部，在拔伸力量下将幼儿的足跖屈，再背屈，同时可以拇指向内、向下用力按压幼儿的韧带损伤部位，以幼儿能耐受为度，如此反复操作5～8次。

（5）还可双手掌相对用力，自幼儿的膝关节向下，反复搓揉至幼儿扭伤的踝关节周围，以局部发红、透热为度，时间为2～5分钟。

2. 对于幼儿轻度的踝关节扭伤，在扭伤后，可马上进行冷敷，以减轻血肿，同时，可以外敷活血化瘀的药物。这样可以使幼儿扭伤部位的肿胀消退、疼痛减轻。

如果幼儿踝关节扭伤较重，引起韧带较重损伤，应用宽胶布条固定住幼儿扭伤的踝关节，并及时送幼儿前往医院就诊。另外，教师还需注意检查幼儿的膝关节，以排除与踝关节最接近的腓骨旋转性损伤和膝部韧带损伤的可能。

教师在采取了以上措施后，要联系家长，将幼儿送到医院进行进一步的检查，以防出现隐患。

3. 处理幼儿踝关节扭伤时应注意的事项：

（1）在处理时，教师可先用弹性绷带将幼儿的踝关节固定，于伤处外敷冰块，再用绷带固定冰袋和踝关节。

（2）固定几分钟后（约 3～5 分钟），可先取下绷带，此时如果幼儿受伤部位肿胀尚不明显、肌肉痉挛也较轻，教师可先进行简单的检查，确定幼儿有无骨折或脱臼的可能、韧带损伤的程度，以决定下一步的治疗方法。

（3）在幼儿踝关节扭伤的急性期，教师的手法要轻柔和缓，以免加重幼儿踝关节扭伤的损伤性出血，同时不要热敷。

（4）在幼儿踝关节扭伤的恢复期，教师的手法应适当加重，同时可以配合局部热敷。

（5）教师还应注意幼儿踝关节扭伤部位的防寒与保暖。

41 眼睛是最娇嫩的，受伤要急救

和异物进入眼睛导致的伤害不同，幼儿眼睛受伤是指因意外事故造成的眼睛撞伤、灼伤、挫伤等，受伤部位一般是眼周软组织、眼球等处。

由于缺乏生活经验，对可能产生的伤害认识不足，自我保护及躲避伤害的意识和能力差，幼儿较成年人更易受到各种伤害。

幼儿眼睛伤害有多种情况，如因跌倒碰到桌椅的棱角、地面的凸起物，造成眼睛撞伤；因碰到热水或火源，造成眼睛灼伤；因玩棍棒、弹弓、仿真枪和激光枪等，造成眼睛钝挫伤、刺伤或视网膜损伤；因燃放烟花爆竹，造成眼睛被炸伤；因使用刀、针或铅笔等，造成眼睛被扎伤。

眼睛是心灵的窗户，需要好好保护。在幼儿园，教师是幼儿的保护者，应努力防止幼儿的眼睛受到意外伤害，一旦幼儿的眼睛不慎受到伤害，要立即采取急救措施。

从幼儿眼睛受伤的原因来分析，眼睛损伤实际上可以预防。为避免幼儿的眼睛受到意外伤害，教师应做好以下预防措施：

1. 加强对幼儿的安全教育，使他们认识到眼睛受伤的危害性及保护眼睛的重要性。

2. 针对不同年龄的幼儿，采取相应的预防措施。比如，对于幼儿园的孩子，主要是改善他们的活动空间，对桌椅的棱角和地面的凸起物进行适当处理，将热水瓶和火源放在幼儿的活动区域之外。

3. 刀、剪、锥等尖锐物品要严加保管，不能让幼儿拿着剪刀和棍棒之类的物品追跑打闹。

4. 在幼儿玩耍的时候，要细心观察，防止他们跌倒或接触危险物品。

5. 不要让幼儿燃放烟花爆竹；观看燃放烟花爆竹时，要保持安全距离，必要时让幼儿佩带护目镜，以防强光刺激眼睛。

6. 尽量不要让幼儿接触石灰、水泥和酒精等化学物品，要把它们锁起来，或者放在幼儿够不到的地方。

当幼儿的眼睛不幸受到伤害时，教师不能惊慌失措，一定要沉着冷静，可先根据损伤情况，立即给予适当的初步急救，然后迅速送往医院请眼科医生处理。

1. 眼周软组织挫伤，这种伤害多为钝性打击眼眶周围所致，常出现软组织肿胀而无破口、皮下淤血和青紫等症状。

出现这种情况时，教师应先用冰袋或凉手巾进行局部冷敷，24 小时后再改为热敷，以促进局部淤血的吸收。

2. 眼周皮肤裂伤，眼周皮肤裂伤是指仅为眼外部皮肤破裂而眼球无损伤。当幼儿的眼睛受到这种伤害时，教师要注意保持创面清洁，只用干净的布料包扎即可，并尽快把幼儿送往医院眼科进行清创缝合。

3. 眼球挫伤就是眼球被钝器打击伤及眼睑、结膜、巩膜、角膜和晶状体以及眼后部的视网膜、视神经等。

当出现这种伤害时，教师应用氯霉素眼药水滴眼以防感染，然后用干净的纱布或手绢轻轻遮盖幼儿受伤的眼睛，立即送医院治疗。

4. 眼球破裂伤，这种伤害多为锐器刺入或划过眼球，导致眼球破裂所致，患者感觉有一股"热泪"涌出，随即视物不清并伴有疼痛。

当幼儿受到眼球破裂伤时，教师应让其立即躺下，严禁用水冲洗伤眼或涂抹任何药物，只需在伤眼上加盖清洁的布料，用绷带轻轻缠绕包扎，然后迅速送往医院抢救。

经过初步急救处理后，教师要切记"争分夺秒，就近医治"，以免在路途中耽误时间，延误抢救时机。

42 被蛇咬伤，按有毒蛇咬处理

幼儿被蛇咬伤事件多发生于每年的 4—10 月份。被蛇咬伤后，幼儿身体出现各种症状的快慢及轻重与蛇的种类、蛇毒的剂量与性质密切相关，同时也与被咬伤的部位、伤口的深浅及幼儿的抵抗力有一定的关系。

临床上被蛇咬伤的症状可以分为以下三种类型：

1. 神经毒型主要表现为神经系统损害症状，大多由银环蛇、金环蛇和海蛇咬伤所引起。其临床特点是蛇毒吸收快、局部症状不明显、病情发展慢，易被忽视，但一旦出现全身中毒症状，则病情危重。

（1）伤口局部麻木或仅有轻微痒感。伤口红肿不明显，出血不多，无疼痛感。

（2）在被咬伤后 1～3 小时，开始出现全身中毒症状，出现视物模糊、眼睑下垂、嗜睡、四肢无力、恶心、呕吐、声音嘶哑、张口及吞咽困难、牙关紧闭等反应。严重者会出现四肢瘫痪、惊厥，进行性呼吸困难，昏迷、休克等反应。

（3）海蛇咬伤者则可引起横纹肌瘫痪和肌红蛋白尿，其后肌力恢复较慢。

（4）病程较短，若能度过 1～2 天的危险期，病情就能很快好转，而且治愈后不留任何后遗症。

2. 血液毒型主要表现为血液及循环系统的中毒症状，常为蝰蛇、竹叶青、尖吻蝮及烙铁头等毒蛇咬伤所致。特点是局部症状重、全身中毒症状明显、发病急。具体表现为：伤口局部迅速肿胀，并不断向四周发展，剧痛，流血不止；伤口周围的皮肤常伴有水疱或血疱，皮下淤斑，组织坏死。严重时全身广泛性出血，如结膜下淤血、呕血、咳血及尿血等。个别病人还会出现胸腔、腹腔出血及颅内出血，最后导致出血性休克。伴有头晕、恶心、呕吐及腹泻、关节疼痛及高烧等症状。由于症状出现较早，一般救治较为及时，故死亡率低于神经毒致伤的病人。但由于发病急、病程较持久，所以危险期也较长，治疗过晚则后果严重。治愈后常留有后遗症。

3. 混合毒型兼有神经毒型和血液毒型的症状，主要由眼镜蛇、眼镜王蛇、蝰蛇等咬伤引起。临床表现特点为发病急、局部与全身症状均明显。

（1）局部剧痛。出现红肿、淤斑、水疱、血疱，并迅速向肢体上端蔓延，皮下淤斑甚至组织坏死。局部淋巴结肿痛。

（2）出现头晕、视物模糊、复视、眼睑下垂、全身肌肉疼痛、肌肉无力、牙关紧闭、语言障碍、吞咽困难、颈项强直、心动过速、心律紊乱、呼吸困难、血红蛋白尿、尿少或尿闭，严重者有惊厥、昏迷、休克、呼吸麻痹、心搏骤停等症状。

我国的毒蛇约有 50 种，呈地区性分布。例如，蝰蛇多在福建、广东、台湾诸省，眼镜蛇类多在南方，五步蛇、竹叶青等多在长江流域，而蝮蛇分布较广。相应地区的教师应该做好防范准备工作，让幼儿免受蛇的伤害。

防止幼儿被蛇咬伤，预防是关键，教师可以采用以下方法：

1. 教师应该向家长和幼儿普及识别毒蛇和毒蛇咬伤后的急救与自救知识。

2. 不要带幼儿去可能有蛇出没的地方。进行户外活动时，教师应该先拿竹棍在草丛和花丛中多敲打几下。

蛇咬伤大部分都在小腿以下部位。夏季户外活动时，应要求幼儿穿高帮鞋，尽量不穿凉鞋；有的蛇喜欢上树，如四川乐山地区较常见的竹叶青，因此，教师要多观察幼儿园中的树，如发现树上有蛇，及时处置。

3. 夏季雷雨前或洪水后，蛇虫纷纷出洞，此时教师要格外小心，多观察幼儿园周围的草丛、树木。

4. 教师应该在蛇常出没的季节，多准备一些治疗蛇伤的药品和急救物品。

蛇分为无毒（普通）蛇和毒蛇两类。被普通的蛇咬伤，只在人体伤处皮肤留有细小的齿痕，轻度刺痛，有的可起小水疱，无全身性反应。对此种蛇咬伤可用 70％酒精消毒，外加干纱布包扎，一般无不良后果。被毒蛇咬伤，在伤处可留一对较深的齿痕，蛇毒进入组织并进入淋巴和血液，可引起严重的中毒反应，必须急救治疗。

急救是治疗蛇咬伤的关键之一。如果幼儿不小心被蛇咬伤，教师应该马上采取以下急救措施：

1. 如果幼儿被蛇咬伤，教师一时又无法判断蛇是否有毒，一定要让幼儿保持安静、不要乱动，以免血液循环加速。

2. 如果咬伤部位在四肢，应立即拿一根布条或绳子，紧紧地扎住伤口的上方，尽量减缓或阻止毒液流向全身。扎带每隔 10 分钟要松 1～2 分钟，以防被扎的肢体因血液循环受阻而坏死。从结扎处使劲向伤口方向挤压，尽量把毒血挤出来，与此同时，向同事呼救，速通知园医护人员。

3. 立即用清水或肥皂水进行冲洗，以清除伤口处黏附的毒液。如幼儿伤口有毒牙残留，应及时挑出。不要擦伤口，应用布轻拍，以使其干燥。

4. 情况紧急时，教师可用嘴吮吸伤口排毒，以尽快排出蛇毒。使用该法时，教师的口腔、嘴唇必须无破损、无龋齿，否则自身有中毒的危险。吸出的毒液随即吐掉，吸后要用清水漱口。把毒液吸出后，伤口要湿敷以利残余毒液排出。

5. 在扎紧和冲洗之后，教师可用消过毒的刀，在局部作十字口切开，以便毒液排出。可把被咬肢体浸在冷盐水中，教师用手指自上而下不断地挤压排毒，每次约 20～30 分钟。

6. 立即联系医院或急救中心，争取最佳抢救时间。

7. 送医的时候，不要让幼儿走动，尽量使其保持平静。送医后，通知家长，做好家属安抚工作。

43　被猫、狗咬伤，以防感染狂犬病

温血动物是狂犬病病毒的主要携带者，除狗之外，猫、老鼠、蝙蝠及很多牲畜都可能携带狂犬病病毒。幼儿被这些动物咬伤、抓伤导致出血的，都有感染狂犬病的可能。

每年有成千上万的人被动物咬伤，其中大部分是幼儿。因为幼儿无法分清宠物与玩具的区别，在与猫、狗玩耍或喂食时常被咬伤或抓伤。

1. 猫咬伤的症状

猫携带弓形虫病毒，被它抓伤、咬伤后，有 50％以上会出现伤口感染。猫的牙齿细而尖，很容易咬到深部的皮肤组织。统计发现，猫咬伤比狗咬伤更容易出现伤口感染，从而出现化脓性关节炎和化脓性骨髓炎，特别是幼儿被咬伤后，处理不及时就可能留下后遗症。

在被猫咬伤后，几个小时内就可能出现伤口感染，主要症状是疼痛

加剧和伤口红肿、流脓等。10～20 天，可发生细菌或病毒感染，主要症状是局部红肿、疼痛，严重时累及淋巴管、淋巴结而引起淋巴管炎、淋巴结炎或蜂窝组织炎。

2. 狗咬伤症状

狗咬伤分为疯狗咬伤和一般狗咬伤。一般狗咬伤后，如果没有大的伤口，只是擦破点皮没有出血，就不要紧。只有 15%～20% 的伤口会出现感染。典型的伤口感染在 8～24 小时后出现，表现为伤口的疼痛加剧，伤口周围软组织红肿发热，并可能流脓，有时会出现分泌有异常气味的液体、全身发热、淋巴管炎等症状。如果伤口很深，伤及幼儿的肌肉或骨头，还可能出现化脓性关节炎或化脓性骨髓炎，感染会扩散全身，出现菌血症、内膜炎、脑脓肿等并发症，并留下严重的后遗症。

疯狗咬伤就严重得多，疯狗咬伤以 6－8 月份为多见，潜伏期 20～90 日，主要为狂犬病毒所致的急性传染病。发病前期症状有低热、头痛、烦躁、恐惧，伤口附近有麻、痒感，继而出现恐水、怕风、发作性咽肌痉挛、呼吸困难、肢体瘫痪等反应以致最后因呼吸和循环衰竭而死亡。

一般来说，当猫害怕、疼痛、受惊和受到刺激的时候，它们会抓、咬。狗和猫的情况差不多，当它们兴奋、害怕、疼痛或受到刺激的时候，容易伤害人类。教师要留意幼儿园的周边情况，当发现附近有流浪猫、流浪狗时，要采取相应措施，避免幼儿受到伤害。

预防幼儿被猫、狗咬伤的措施有以下几点：

1. 幼儿园内禁止散养小动物，尤其是猫、狗。

2. 教职工不能将小动物带到幼儿园内。

3. 定期打扫幼儿园，以免滋生蚊虫或招引小动物。

4. 如果教育活动需要，可将小动物放在笼子里饲养，并定期为小动物检查、防疫。

5. 在幼儿入园、离园时，门卫要特别留意家长或其他监护人，禁止带宠物进园。

6. 教师要看管好幼儿，不让他们随意逗弄猫、狗等小动物。

7. 不让幼儿拽猫、狗的尾巴和耳朵，教育幼儿不要在它们进食时靠近。

幼儿还处在身体发育的高峰期，抵抗力较差，被猫、狗咬伤后更容易感染上狂犬病。教师一旦发现幼儿被咬伤，一定要进行如下急救处理：

1. 用力挤出伤口里的血，直至暂时挤不出为止。如果伤口未出血，可用消毒后的针刺扎伤口周围，然后用力挤压使之出血。

2. 如果伤口较小、较浅，教师可用清水仔细冲洗伤口，再用双氧水冲洗，最后用碘酒再次清洗和消毒，并要由上而下、由内向外轻轻将伤处的药液擦干净。如果伤口流血很多，教师要用手按压出血的区域5分钟，直到流血减少。

3. 如果幼儿被狗咬伤，在控制伤势的同时，教师应及时将幼儿送往医院，并向园领导汇报。

4. 带领幼儿在户外活动时，如果幼儿不慎被猫狗咬伤，没有急救药处理，教师可用绳子、书包带、领带、衣服袖等将幼儿被咬伤的部位的上方用力扎住，控制被咬伤处的血液循环。如果发现有发紫、发青的症状，应稍微将扎带放松，然后再适当扎紧。

5. 迅速前往医院或卫生防疫部门为幼儿注射狂犬疫苗。千万不要抱有侥幸心理而不注射，否则将错过最佳治疗时机。在注射狂犬疫苗血清前，须做过敏测试。

6. 协助园长处理"肇事"的猫或狗。最好将"肇事"的猫或狗带到动物医院做检查，查明是否携带狂犬病毒，如果有狂犬病感染的症状，要交给相关部门进行处理，以免其他幼儿再次被它伤害。

44 被蚊虫叮咬，要及时消毒

幼儿皮肤娇嫩，皮下组织疏松、血管丰富，一旦被蚊虫叮咬，局部马上有明显的反应，如发红、肿胀，这是蚊虫叮咬而引起的毛细血管渗出、充血造成的，具体有如下症状：

1. 被叮咬后，幼儿面部、耳垂和四肢等裸露的皮肤会出现丘疹或淤点，也可能出现疱疹或水疱。

2. 可找到刺吮点，即像针头大小暗红色的淤点，幼儿常会感觉搔痒、烧灼或疼痛，从而出现烦躁、哭闹等情况。

3. 如果症状严重，可表现为眼睑、耳廓、口唇等处明显红肿，甚至发热、局部淋巴结肿大。

夏天幼儿很容易被蚊虫叮咬，如果被叮咬的幼儿是过敏体质，还可能引起皮肤过敏，诱发荨麻疹。因此教师不要小看蚊虫叮咬这个问题，如果不重视，可能引起严重后果。

夏季是各种昆虫繁育的最佳时节，特别是蚊子这类吸血昆虫，生育繁殖能力特别强，教师一定要做好预防工作。

1. 教师要保持教室的清洁卫生，定期打扫，不留卫生死角，不给蚊虫藏身之地；开窗通风时不要忘记用纱窗做屏障，防止各种蚊虫飞入；在暖气罩、卫生间角落等房间死角定期喷洒杀蚊虫的药剂，并注意通风。

2. 在夏季，可以为幼儿的小床配上一顶透气性较好的蚊帐，或插上电蚊香，但蚊香要和幼儿保持一定距离。

3. 在夏天开展室外活动时，尽量不要让幼儿在河边、湖边、溪边等靠近水源的地方玩耍。

幼儿被蚊虫叮咬后，教师可按如下步骤处理：

1. 止痒消炎，先将幼儿被蚊虫叮咬处用清水清洗，然后再涂上治疗蚊虫叮咬的专用软膏。如果没有专用软膏，可用浓肥皂液涂抹，或用香皂蘸水在红肿处涂抹。如果叮咬处很痒，可先用手指弹一弹，再涂上花露水、风油精等；也可以用盐水涂抹或冲洗痒处，或把一颗蒜瓣掰开，用断面涂抹被蚊虫叮咬处。

2. 防止抓挠，当幼儿被蚊虫叮咬以后，一定要避免其过分挠抓，以防止出现继发性感染。为了防止幼儿忍不住痒痛而去抓挠患处，可以用纱布或者创可贴贴在患处，但是要注意幼儿是否对以上两样东西过敏。

如果幼儿是被毒蚊子、毛毛虫叮咬，伤口可能会肿得很严重，或者很痒、很痛，这时教师应立刻带幼儿去医院就诊。如果是被蜈蚣咬到了，要先给伤口消毒，然后立即去医院就诊。

45　被蜂蜇伤，根据蜇伤部位处理

蜂蜇伤是蜂尾部毒刺蜇伤人体皮肤注入毒素而引起的局部和全身反应。被蜂蜇伤是较常见的一种生物性损伤，蜂毒主要含蚁酸和神经毒素，还含有一些高抗原性蛋白，能引起伤者严重病态反应，出现荨麻疹、喉头水肿、支气管痉挛等反应，甚至窒息性休克导致死亡。

春天，万物复苏、百花盛开，幼儿户外活动的时间越来越多，一不小心就可能被花丛中的蜂蜇伤。一旦被蜂蜇伤，轻者伤处出现丘疹或风疹块，有烧灼及刺痛感；重者伤处肿胀，并伴有发热、烦躁不安、痉挛、昏迷等反应；严重者会迅速发生眼睑肿胀、呼吸困难、血压下降、意识不清等过敏性休克现象，最终因呼吸、循环衰竭而导致死亡。

幼儿是否被蜂蜇伤可根据以下症状判断出来：

1. 被蜂蜇伤后，蜇伤部位会有明显的灼痛感，蜇伤处出现红肿，甚至起疱。

2. 若为普通蜂群或多只毒蜂所伤，可导致身体大面积肿胀，并出现恶心、无力、发热等全身症状，严重者可致死亡。

3. 若为毒蜂群蜇伤，可迅速导致休克、昏迷、抽搐、心脏和呼吸肌麻痹等反应，甚至死亡。

当幼儿被蜂蜇伤后，教师决不能掉以轻心，应及时将幼儿送到园医处救治。

由于蜂蜇造成人员伤亡的事件时有发生，蜂蜇造成的危害问题也受到人们的重视。教师可采取积极有效的手段来避免幼儿被蜂类蜇伤，预防措施主要有以下几点：

1. 让幼儿远离野外的草丛和灌木丛，因为那里常常是蜂类的家园。

2. 当接触花草和树木时，教师要预先察看，如果发现蜂巢，应带幼儿慢步走开，不能猛跑，以免惊扰蜂群。

3. 在进行户外活动时，教师要保持警觉，最好让幼儿着浅色衣物，穿长袖衣、长裤。切忌穿颜色鲜艳的衣服，特别是黄色的衣服，因为蜂类的视觉系统对亮色物体非常敏感。另外，教师不要抹香水、发胶或其他芳香类化妆品，以免招惹蜂虫。

4. 户外活动携带的甜食和含糖饮料要密封好，因为蜂对甜味比较敏感，如果甜食和含糖饮没有密封好会招来蜂虫。

5. 黄蜂是色盲，只有几只黄蜂在身边飞舞时不必理会；蜂停落在头上、肩上时，轻轻抖落即可，不要拍打，因为黄蜂本身不会主动攻击人类，这样就不会被蜇。

6. 幼儿误惹了蜂群而招致攻击时，教师可用衣物保护幼儿的头颈，原地趴下或反向直线逃跑，并尽快带领幼儿找门窗紧闭的房屋或汽车等地方躲避。千万不要扑打，否则只会招来更多的攻击。

7. 幼儿被蜂蜇伤 20 分钟后无症状者，可以放心。如果幼儿被蜂蜇伤并伴有头痛、发热、腹痛、恶心、呕吐等症状，应立即送其就医。

幼儿被蜜蜂及黄蜂（又称马蜂或胡蜂）蜇叮后，在皮肤上会形成一个刺痕，蜜蜂会留下蜂针，黄蜂则很少留下蜂针。蜜蜂蜇伤一般不会出现严重的全身症状，但对蜂毒过敏者可引起过敏反应，发生严重水肿甚至丧失知觉。如水肿发生于口腔或咽喉，可能引起呼吸困难。因此，幼儿被蜂蜇伤后，教师应该采取以下急救措施：

1. 如果幼儿不慎被蜂群蜇伤并引发全身症状，教师应速带幼儿去园医处或拨打 120 急救电话。

2. 仔细检查伤处，如果蜂针残留在皮肤内，应用消过毒的镊子或针将其拔出或挑出。

3. 将伤口四周皮肤捏起，使伤口暴露，然后用力掐住被蜇伤的部位，用嘴反复吸吮，以吸出残留在体内的蜂针和毒素。

4. 若为蜜蜂蜇伤，因蜂毒呈酸性，吸出蜂针后，宜用肥皂水或小苏打水等碱性溶液涂抹伤口，局部涂擦地塞米松霜、赛庚啶霜等。于伤口处涂浓度为3％的淡氨水，可起到止痛之效。若为黄蜂蜇伤，其蜂毒为碱性，伤口处可外涂浓度为5％的醋酸。

5. 为减轻疼痛，对黄蜂引起的蜇伤，可用稀释的醋冷敷；对蜜蜂引起的蜇伤，只将敷布置于蜇伤处即可，不要摩擦该处。黄蜂蜇伤症状与蜜蜂蜇伤相似，但程度较重，处理方法与蜜蜂类似。

6. 如果幼儿休克，在拨打120后或去医院的途中，教师要注意保持伤者的呼吸畅通，并进行人工呼吸、心脏按压等急救措施。

需要注意的是，被蜂蜇伤后，不要挤压伤口，以免残余的毒素进入体内。不要随便使用偏方，以免伤口溃烂。教师要牢记以下急救口诀：仔细查伤把刺挑，火罐吸毒有疗效，酸碱中和减毒性，擦点蛇药肿可消。

46　体内钻入蜱虫，要及时取出

蜱虫也叫壁虱，俗称草扒子、狗鳖、草别子、牛虱、草蜱虫、狗豆子和牛鳖子等，属于寄螨目、蜱总科。成虫在躯体背面有壳质化较强盾板的，通称为硬蜱，属硬蜱科；无盾板者，通称为软蜱，属软蜱科。

硬蜱多生活在森林、灌木丛、牧场、草原和山地的泥土中；软蜱多栖息于家畜的圈舍、野生动物的洞穴、鸟巢及住房的缝隙中。

气温、湿度、土壤、光周期、植被和宿主等都可影响蜱类的季节消长及活动。在温暖地区，多数种类的蜱虫在春、夏和秋季活动。在炎热地区，有些种类的蜱虫在秋、冬和春季活动。软蜱因多在宿主身上，故终年都可活动。

蜱虫不吸血时，小的如绿豆般大小，也有极小如米粒的；吸饱血液后，可至饱满的黄豆大小，大的如指甲盖。

蜱虫的幼虫、若虫和雌雄成虫都吸血。宿主包括陆生哺乳类、鸟类、爬行类和两栖类，有些种类的蜱虫也侵袭人体。多数蜱虫的宿主很广泛。

在侵袭宿主时，蜱虫常有一定的选择性，一般在皮肤较薄、不易被搔动的部位。在吸血时，蜱虫常将头埋在宿主的皮肤内，甚至会整个身体钻进去。在侵袭时间上，硬蜱多在白天侵袭宿主，吸血时间较长，一般需要数天；软蜱多在夜间侵袭宿主，吸血时间较短，一般数分钟到 1 小时。蜱虫的吸血量很大，发育期的蜱虫饱血后可胀大几倍至几十倍，雌硬蜱甚至可达 100 倍。

蜱虫的嗅觉敏锐，对动物的汗臭和呼出的二氧化碳很敏感，当与宿主相距 15 米时，即可感知。

蜱虫在叮刺吸血时宿主多无痛感，但由于螯肢、口下板同时刺入宿主皮肤，可造成局部充血、水肿、急性炎症反应，还可引起继发性感染。蜱虫在叮咬人时会分泌一种对人体有害的麻醉和抗凝物质，使人产生全身不适、头痛、乏力、肌肉酸痛以及恶心、呕吐、腹泻、厌食和精神萎靡等症状，严重时可导致人呼吸衰竭而死亡，称为蜱瘫痪。此外，因蜱虫叮咬而引发的无形体病属于传染病，人对此病普遍易感。

近年来，蜱虫危害甚大。据河南省卫生厅发布的消息，从 2007 年 5 月发现首例疑似无形体病例以来，截至 2010 年 9 月 8 日，河南省共监测发现此类综合征病例 557 例，死亡 18 例。

幼儿抵抗力和安全意识都很差，幼儿园又是人群密集地方，所以教师要高度重视预防蜱虫对幼儿的侵害。

为了防止幼儿被蜱虫叮咬致病，教师应做好以下预防措施：

1. 夏秋季节，不要让幼儿在草地和树林等地方长时间坐卧。

2. 将生物农药或藻盖杀（0.12％藻酸丙二醇酯）等对人体无毒、无害和无污染的药物喷洒于草地上和树林中等幼儿经常活动的地方。

3. 在外出游玩时，最好在幼儿的衣服及暴露的皮肤上喷涂适宜幼儿的驱蚊药水。

4. 最好不要让幼儿接触狗和猫等动物，因为它们易受蜱虫叮咬，可能携带蜱虫。

5. 在幼儿洗浴时，在水里滴几滴罗浮山百草油，以防蜱虫叮咬。

当发现蜱虫钻入幼儿体内、叮咬幼儿时，教师要马上采取以下应急措施：

1. 一定要将钻入幼儿体内的蜱虫及时取出。若不及时取出，轻者，一遇阴雨天气，患儿便瘙痒难忍；重者，高烧不退、深度昏迷、抽搐，甚至引发脑炎。

在取蜱虫时，不可生拉硬拽。因为蜱虫将头钻入皮肤内，头部有倒钩，越拉越紧，若强行取出，不仅容易将蜱虫的头部留在幼儿皮肤内造成伤处继续感染，还会拽伤幼儿皮肤。正确的做法是：将乙醚、煤油、松节油或旱烟油涂在蜱虫的尾部，或在蜱虫旁点蚊香，数分钟后蜱虫被麻醉，便会自行松口；或用液体石蜡、甘油厚涂蜱虫的头部，使其窒息松口，再用尖头镊子取出。

如果是在野外，教师可用点燃的香烟（或香）慢慢烤蜱虫的身体（千万别烤死蜱虫）。在多数情况下，钻入皮肤的蜱虫会因此而钻出皮肤。

教师要注意，千万不要用水冲钻入幼儿体内的蜱虫，一定要把它整体取出。如果蜱虫的口器断在皮肤内，要赶快去医院取出。

2. 把蜱虫取出后，教师应用碘酒或酒精做局部消毒处理，并随时观察患儿的身体状况。如果患儿出现发热、叮咬部位发炎破溃等症状，要及时就诊。

47 幼儿好动易骨折，要紧急处理

骨折是指骨头折断或者碎裂的情形。幼儿的骨折多因日常生活中的突发事故所致，奔跑摔跤、嬉闹打斗、攀高摔跌、坠床等为常见原因。因此，幼儿骨折大多是由间接外力所引起的。其中男孩骨折多于女孩，这可能与男孩较女孩活泼、顽皮、好动有关。

幼儿骨折多发生于上肢，其次是下肢，这与跌倒时多用上肢支撑有关。最常见的骨折部位为锁骨、肱骨下端、尺桡骨下段、股骨干和胫腓骨下段等，而骨盆、脊柱、肋骨、掌、跖和跟骨骨折则较少见。

幼儿骨头最外层的骨膜较厚，可能发生"折而不断"的情况，就像鲜嫩的柳枝，被折后，外皮还连着，幼儿的这种骨折称为"青枝骨折"。由于疼痛不如骨头完全断裂时剧烈，伤肢还可以做动作，因此这类骨折容易被忽视，从而错过最佳诊疗时机。所以，幼儿肢体受伤后，即便痛得不十分厉害，教师也要送去医院检查一下，看是否发生了骨折。

教师预防幼儿骨折的措施有以下几种：

1. 要根据幼儿的性格和心理特点，合理分组游戏、分配玩具，避免幼儿由于争执发生冲突相互伤害。

2. 及时擦干盥洗室地面，保持地面干净、不滑，以防止幼儿滑倒受伤。

3. 在户外做体育活动时，如果练习滚爬一类的动作，要有足够的垫子保护，同时教师还要采取可靠的措施保护幼儿的颈椎和腰部。

4. 中班和小班室内柜子上不要摆放花盆、鱼缸和玻璃茶杯等，避免幼儿因用手推扒柜子而被砸伤。

5. 外出参加演出活动前，要仔细检查车辆内的所有座位、靠背和扶手等是否安全可靠，不要让幼儿背着背包就座，教师们要分前后照看到所有幼儿，上、下车时要有秩序，要对幼儿给予扶、抱、接等保护。

6. 午睡时，教师要严守岗位，教育幼儿不要在床上翻跟头，幼儿睡熟时要随时纠正其睡姿，避免其从床上摔下。

7. 玩大型玩具时，教师要示范玩法，同时要严格看护好聚集在玩具前的幼儿，避免因意外跳动和相互碰、压而发生事故。

8. 组织幼儿外出活动过马路时，一定要有教师在前、中、后不同位置照顾，维持行走秩序。教师应在事前做好分工，避免幼儿被车辆和行人碰撞。

幼儿发生骨折后，教师可采取以下措施进行急救：

1. 立即拨打急救电话，在专业救护人员到来之前，尽量安慰幼儿，并及时检查伤情，为专业救护人员提供治疗依据，并科学地控制伤势以减轻幼儿的疼痛。

2. 若发现流血不止，应立即止血，并固定好幼儿受伤部位；如果是颈部受伤，应让幼儿仰卧，并在其颈部两侧垫一些卷成一定厚度的软质材料，如衣服、枕巾等，以稳定颈部的原有状态。如受伤处严重肿胀，切不可过紧固定。

3. 如果幼儿从滑梯上摔下，在呼吸或咳嗽时感到胸腹部位疼痛难忍，则有可能是肋骨处骨折，此时教师要随时观察幼儿的呼吸，并及时将其送往医院。

4. 若是脊椎骨折，切不可平抱或挪动幼儿，应由两名以上的教师用手平抬至担架上。

5. 如颌骨折裂，有大量的唾液流出并伴有少量的血迹，应立即清除幼儿口腔中的血液和杂物，这样可以防止异物堵塞喉咙，然后了解幼儿的伤情，并立即将其送往医院。

48 幼儿手指被夹伤怎么办

幼儿生性好动，手指被夹伤是很常见的事，夹伤后轻者会出血肿胀，重者可引起手指切断、指甲脱落和关节出血等问题。如果感染则会出现红肿热痛等症状，此时教师要通知园长并及时将幼儿送往医院进行抗感染治疗。

幼儿手指被夹伤主要有以下几种情况：

1. 幼儿开关门或抽屉时手指被夹伤。

2. 幼儿把手放在门缝里，他人一时大意不小心开关门，夹伤了幼儿的手指。

3. 被幼儿园的班车门夹伤手。

4. 被玩具夹伤手。

幼儿对一些行为所带来的危险认识不够，常会伤害到自己。幼儿手被夹伤的事故屡见不鲜。这不仅是因为教师和家长的管理疏忽，更重要的是幼儿对可能造成夹伤的行为和环境没有正确认识。

为了让幼儿提高自我保护意识，教师在日常的教育活动中要注意多对幼儿进行安全常识教育，禁止幼儿把手伸进门缝里。另外，教师在开关门时一定要看看周围有没有幼儿，以防止发生意外。

幼儿园的门户、铁闸、窗框、抽屉或者汽车门等，很容易夹伤幼儿的手指，尤其是活泼好动的幼儿更容易被夹伤。因此，幼儿在玩耍或出入门户时，教师一定要多加小心。

如果出现幼儿手指被意外夹伤的情况，可以按下列方法救治：

1. 先安慰幼儿，如伤处有出血则应及时进行止血和消毒。

2. 如果幼儿的手指出现紫色的出血现象或肿胀时，有可能是手指部的骨骼发生了骨折，教师应该立即向园医和园领导进行汇报，将幼儿送往医院进行诊治。

3. 如幼儿的手指出血不止，教师可将幼儿受伤的手指抬高超过心脏，以减轻疼痛和止血，然后立即将其送往医院，并通知家长。

4. 治疗手指夹伤期间，不要让幼儿接触水，也不要让幼儿受伤的手过多运动和进行负重，防止感染。

49 减少室外活动时间，以免晒伤幼儿皮肤

晒伤又称日光性皮炎，是指由于日光的中波紫外线过度照射，引起的人体局部皮肤发生的光毒反应。

幼儿时期是对紫外线极为敏感的时期。幼儿活泼好动，所以在户外的活动比较多，一年之中暴露于阳光中的时间是成人的 2 倍以上。如果过度日晒，就可能引起晒伤与皮肤色素增加、增厚、免疫功能失调以及日后的皮肤老化和皮肤癌。

幼儿皮肤晒伤的症状因照射时间、范围、环境因素及肤色不同而有所差异。

1. 幼儿如果轻度晒伤，在太阳晒过后的 3～5 小时内，被晒部位出现边界清楚的红斑，鼻尖、额头、双颊可能有脱皮现象。红斑有稍稍的灼烧、刺痛感。晒伤症状一般会在日晒 12～24 小时内达到高峰。

2. 幼儿如果重度晒伤，晒伤部位的红斑颜色会加深，出现水肿、水疱，患部疼痛。如晒伤脚部，则脚部皮肤可能会出现浮肿。晒伤面积较大时可能出现畏寒、发热、头痛、乏力、恶心、呕吐等全身症状。

幼儿皮肤娇嫩，抵抗紫外线的色素层要比大人薄得多，很容易被紫外线穿透而发生晒伤、光过敏及皮肤夏令水疱病等，因此教师应采取安全防护措施，以免幼儿被晒伤。

让幼儿适当地接受光照是必要的，但教师要掌握方法和时间。

1. 避开紫外线过强的时间段，夏天的上午 10 点到下午 4 点最好不要带幼儿外出活动，因为这一时间段紫外线很强。

2. 在阴凉处活动，夏日里不要让孩子在强光下直晒，如果一定要外出活动，可以让孩子在树荫下或阴凉处活动，这样同样可使孩子身体接触光照，又不损害皮肤。每次以 1 小时左右为宜，期间要注意对孩子的水分补充。

3. 外出郊游时，提醒家长为孩子做好防晒的准备工作，如给幼儿戴遮阳帽、带好水壶等。

有时即便教师采取了精心的防护措施，幼儿在户外活动时还是不慎被晒伤，这时教师应采用以下方法处理：

1. 应对轻度晒伤应对措施：

（1）马上带孩子躲进树荫或其他遮蔽处，并尽快为孩子的肌肤补充水分。

（2）将医用棉蘸冷水在脱皮部位敷上 10 分钟，这样做能起到安抚皮肤、迅速补充表皮流失水分的作用。

（3）冰敷伤处，减轻灼热感，使皮肤逐渐恢复，或将伤处浸泡于清水中，起到让皮肤舒缓的作用。

（4）把孩子安置在通风的房间里休息，或洗一个温水澡，这些方法都能让孩子感觉舒服。洗澡时，不要用肥皂，以免刺激伤处。

2. 应对严重晒伤应对措施：

（1）如果晒伤的是肩膀、胸部及背部这些面积较大的地方，可以用纱布吸满饱和的生理盐水或清水，置于冰箱或冷藏室。待冰凉后，敷于孩子刺痛部位，约 20 分钟后取下，这样可以消除灼热感。

（2）如果被晒伤的是腿部，并且脚部出现浮肿，最好让幼儿平躺，将腿抬高到高于心脏的位置，以缓解不适。

（3）如果发现孩子晒伤严重，除了进行以上紧急处理外，要立即带孩子去医院就诊。

第四章　离园时，幼儿安全到达家长身边

在幼儿园里安全是最重要的，我们幼儿园的老师们每天都特别注意孩子们在园时间的安全。但是，幼儿离园时，仍不可掉以轻心，千万不要忽视孩子们离园前的安全。因为孩子们大多数在离园前的心情比较浮躁，这时候更需要我们教师维持好班级纪律，要站好幼儿园工作的最后一班岗，保证与家长的接送工作无缝对接。

50 完善校车制度，保障幼儿安全

运送学生的"校车"不断发生事故，幼儿的安全一度引起社会各方面的广泛关注。确保校车的安全，才能保证幼儿安全上下学。

安全管理，校方主要需做好以下几个方面：

学校应当完善校车相关制度，增强幼儿和家长对校车的信任。虽然有些学校已经备有校车，也有校车接送幼儿上下学的制度，可由于我国并没有建立良好的校车制度，并不像美国的校车制度已经相当完备，幼儿不喜欢坐校车，家长对让自己的孩子坐校车也表示不放心，因此，完善校车制度，是使低年级幼儿愿意乘坐校车的必经之路。

1. 完善校车的选用和校车司机的任用制度

（1）学校应当使校车有别于其他车辆，如美国的所有校车都是显眼的大黄色；校车司机应当选用年纪稍长、从事司机行业经验丰富的人来担当，有任何因为驾驶或其他违法行为者均不录用。

（2）乘坐校车无需交任何费用。校车的管理应当属于政府，不属于学校，因此，校车的支出也应一并由政府承担，这也正是履行政府公共服务职能的体现，同时也避免了因不愿交纳乘坐校车的费用而家长宁愿自己开车送孩子上下学的情形发生。

（3）增加校车的停靠点，尽量方便所有幼儿乘坐校车。政府应当按照幼儿的大致分布，将校车的停靠点进行细致安排，对于实在不方便的地区，可以设立几个公共站点，让家长可以用较短的时间将孩子送到指定的乘车地点。校车的停靠点越多，乘坐校车的孩子也就越多。

2. 加强学校教师和保安的安全意识

一方面，加强教师和保安保护幼儿安全上下学的意识，学习相关政策法规，提高教师师德和保安素质。

另一方面，为教师和保安配备相关保护幼儿的器具，并组织学习器具的具体使用方法、相关防身术以及急救措施，以便在幼儿的安全受到威胁时第一时间排除威胁。

3. 加强学校在低年级幼儿上下学中的接送作用

作为学校，应当备有专门负责幼儿接送业务的保安人员或者老师，保证幼儿无论是乘坐校车还是由家长接送，都可以做到当面交接，避免孩子独自上下学的情形发生。孩子上学时，应由家长送孩子上校车或者送到校方来接孩子的地方；孩子放学时，应由校方保障每一个孩子都上了校车或者交由前来接孩子的家长。

4. 加强学校在上学期间对孩子的保护力度

根据《中小学幼儿园安全管理办法》第24条规定：学校应当建立幼儿安全信息通报制度，将学校规定的幼儿到校和放学时间、幼儿非正常缺席或者擅自离校情况以及幼儿身体和心理的异常状况等关系幼儿安全的信息，及时告知其监护人。在孩子进入校门上学至放学离开学校期间，孩子的安全完全由学校来负责，在上学期间不准幼儿随意出入校门，离开学校必须有班主任的说明和签字。

同时，校方也应将可能来接孩子的人之前就予以登记，在上学期间不得由他人随意将孩子接走，任何来接孩子的人必须在学校出示证件登记，对于之前没有在校方登记的人一律不允许将孩子从学校接走，除非得到已经登记的人的准许，方能将孩子接走。

如果学校调整上课时间或节假日休息，务必确认孩子家长知晓，并且在调整上学时间的当天，确保家长来学校接孩子，或者得到家长的电话确认将孩子送上校车，避免在家长不知道学校调整上课安排时，孩子无人接的情况发生。

5. 学校安装配套视频摄像系统，并与公安机关联网监控

学校相关负责人应当主动跟公安部门联系，上学及放学时间如有警察前来维持秩序，或者与学校校车在学校的停车地点相连接，防止闲杂人员靠近，更有助于保护幼儿上下学的安全。

低年级的幼儿首先要将学校的安排，例如上课时间的修改、校车地点或时间的更改等消息及时地传达给家长，以便家长及时更改接送孩子的时间。其次，放学时，如果家长不知道什么时间来接或是延误了接孩

子的时间，幼儿不要自行离开学校，应该在学校寻求老师的帮助并等待家长或校车的接送。

51 防护设施要做好，防止幼儿走失

幼儿在园时走失属于幼儿园的严重事故。幼儿走失是幼儿园管理上的失误，因为教师未尽看管之职。幼儿走失的原因主要有以下几个：

1. 幼儿园方面导致幼儿走失

（1）防护设施不完善，比如围栏底部缝隙过大，幼儿能钻出。

（2）门卫管理不当，责任心不强。幼儿可能趁门卫不注意，溜出幼儿园而走失

（3）幼儿被他人接走。一些幼儿园在接送幼儿环节存在不少隐患：有的是门卫管理不严，外来人员乘家长接孩子时人多混进幼儿园内；有的幼儿园只认接送卡不认人，外来人员拿着捡到或偷来的接送卡将孩子冒领；有的是别有用心的亲戚或熟人骗领孩子。

2. 教师方面导致幼儿走失。

（1）由于看护不力致使幼儿出走。比如午休时，一些幼儿趁教师不注意，偷偷地溜走。

（2）幼儿园组织校外活动，幼儿到了新的场所，接触的环境、人和活动内容都是新鲜的，容易情绪兴奋，如果教师思想上麻痹大意，便会导致个别幼儿脱离集体而走失。

3. 幼儿自己走失

（1）幼儿走失，多数情况是幼儿初入园时情绪焦虑，为逃避集体生活，乘教师不备独自出走回家，途中迷失；也有的是自感在幼儿园受了挫折而独自出走。

（2）食物和玩具对幼儿有很强的诱惑力，尤其是3～4岁的幼儿，容易被陌生人的几块糖和玩具骗走。

幼儿走失是幼儿园小班刚入园时常发生的事，也是教师最棘手、最头痛的事。防止幼儿走失是摆在每一位教师面前的重要责任。那么，怎样防止幼儿走失呢？

1. 刚入园的幼儿要么哭着找妈妈，要么为幼儿园五花八门的玩具所吸引，跑到这走到那，教师既要照顾哭闹不止的幼儿，又要关注那些东跑西窜的幼儿，容易手忙脚乱。这时最好采用以下几种方法：

（1）消除幼儿的不信任感，教师在幼儿入园前应通过上门家访、组织亲子活动等详细了解幼儿的各方面情况，尽量多创造机会和幼儿相处，让幼儿消除对教师和幼儿园的陌生感以及不信任感。

（2）教师分幼儿管理，一般幼儿入园是一批一批的，可将幼儿分派到每位教师的名下，这样每位教师的主要精力就会放在自己名下的幼儿身上，对于幼儿在干什么、玩得怎么样，教师就比较容易把握了。

（3）充分利用接送卡，幼儿园实行接送卡制度，必须由固定接送人持卡接送，卡上只标明班级代码和幼儿编号，不出现幼儿姓名和照片，以防他人冒领。

每个幼儿持卡入园，放学时也要持卡离园。负责检查的教师对哪个幼儿来了、哪个幼儿没来以及幼儿什么时候离开便会心中有数。

对于非固定接送者来接幼儿，包括亲戚朋友，教师要多留心，无论是否有卡，都必须与原固定接送者取得联系（如打电话），得到许可后方能让其接走幼儿。

（4）对刚入园的幼儿，老师要做到多点名、勤点名。不管是外出游戏、散步、玩玩具，还是参观幼儿园的各个地方，只要是走出活动室，教师就要点名，看好自己管的幼儿。从外面回到活动室也要点名。

和幼儿接触一段时间后，哪些幼儿比较听话、哪些幼儿比较调皮，教师心中就会有数。应多向调皮的幼儿强调走失的危险，把苗头抑制在最初阶段。针对幼儿受挫后易出走的特点，教师对易走极端的幼儿要注意及时地安抚、疏导，消除其出走的念头。

2. 入园伊始，教师应该向家长了解幼儿的脾气、性格、爱好等，以便尽早了解幼儿。同时要求家庭和幼儿园教育一致，坚持接送幼儿，教育幼儿不自己走、不跟陌生人走，防止幼儿走失。

3. 教师可以通过组织丰富有趣的活动，减少幼儿哭闹的时间，让幼儿喜欢幼儿园，不再恋父母、恋家。教师可抓住幼儿活泼爱玩的特点，组织表演游戏、讲故事、看动画片、玩积木等多种活动，让幼儿乐在其中，抛开想父母、想家的念头。

4. 幼儿园都是定时开关门，在把好大门的基础上，教师要严把活动室门。哪个幼儿喜欢自由进出，教师要做到心中有数。切忌把门打开又忘记再关门，以防幼儿溜到室外躲藏在幼儿园的某个角落，待到开大门时借机出走。

对不认识的家长，教师要问清楚后并打电话确认，而且幼儿要认识并乐意跟他走，才让其带走，同时写好简单的记录。

5. 幼儿虽然年龄小，但对一些安全教育还是能接受的。教师可讲一些安全教育的故事，也可以进行情景表演，让幼儿认识乱走可能带来的危险。

幼儿防范意识差、识别能力不强，容易被骗，教师可以组织"防幼儿走失"紧急预案演练活动，让预设好的"行骗人员"根据幼儿的心理特点，编造一些容易使幼儿心动的理由，来"引诱"幼儿，进一步提高幼儿的防范意识和防范能力，再根据幼儿的情况进行相应的教育。

当教师发现幼儿不见时，应尽快查清幼儿去向，找回幼儿，保证幼儿的安全。应急措施如下：

1. 立即向幼儿园领导报告。

2. 确认幼儿在不在幼儿园内，可试着向其他幼儿询问相关情况。

3. 向家长了解失踪幼儿去向。

4. 向门卫了解当日是否有外人来园探望过走失幼儿。

5. 如果确认幼儿已走失，并与家庭、亲友失去联系，应当立即采取以下紧急措施：

(1) 立即报警，请公安部门和社区协助寻找幼儿；

(2) 立即通知家长，让家长配合寻找幼儿；

（3）召集会议，通过走失幼儿的同班同学、家长，了解走失幼儿的思想和精神状况，确定其可能的去向。

52 防止幼儿被遗忘在校车内

幼儿因被遗忘在校车内导致死亡的恶性事故给幼儿家庭带来了无法弥补的损失，引起了社会的广泛关注。幼小的生命消逝令人在震惊之余，思考当前对幼儿教育机构的监管问题。接连发生的惨剧提醒我们，对幼儿教育机构必须从严要求，对关系到幼儿人身安全的每一个环节制订严格的操作规程，确保规范化操作，杜绝因管理细节的失误危及幼儿安全。

针对近期发生的几起幼儿被遗忘在校车内导致死亡的恶性事故，根据《中小学幼儿园安全管理办法》第31条规定：

1. 小学、幼儿园应当建立低年级学生、幼儿上下学时接送的交接制度，不得将晚离学校的低年级学生、幼儿交与无关人员。使用校车的学前教育机构要建立教师跟车制度和收车验车制度，跟车教师负责在幼儿上下校车时清点核对人数，校车驾驶员负责在收车锁门前检查车内幼儿是否全部下车。

2. 要定期对校车进行专项排查行动，严格检查校车车况和驾驶员资质，严禁租用拼装车、报废车和个人机动车接送幼儿，严禁聘用不合格驾驶人，严禁校车超载。

3. 学前教育机构应当密切与幼儿家长联系，告知家长日常的上学放学时间，提醒家长在孩子晚回家时及时与校方联系。托儿所幼儿应由家长接送，并提请家长负责孩子道路交通安全。

4. 由于幼儿园幼儿年龄尚小，教师应建议家长尽量亲自接送孩子上学放学。如果没有时间亲自接送，应当在孩子没有按时回家时及时打电话询问学校的老师。幼儿尽量不要离开老师的视线范围，尽量不要一人独处，发现车门关闭时要大声呼救。

53 在校车上晕车，要紧急停车处理

春秋两季是出游的好时节，很多幼儿园会组织幼儿出游。但是在途中，一些幼儿会出现晕车现象，这既给他们带来痛苦，也给出游带来不便。所以出行前，教师一定要做好防晕车工作；出行中，要及时缓解幼儿的晕车症状。

幼儿处于生长发育阶段，晕车症状会比成年人重。一般来说，幼儿自身的内在原因，如睡眠不足、胃肠不好和头痛感冒等，比较容易诱发晕车。如果车辆颠簸得厉害，也有可能导致幼儿前庭器官兴奋性提高，从而引起晕车。

晕车时，大班和中班的幼儿通常会向教师说明情况，或静静地蜷缩在一旁，眼睛紧闭，双手紧抓座椅，并有恶心、呕吐和烦躁等症状。小一点的幼儿由于不善表达则往往只会哭闹并烦躁不安，表现出汗多、呕吐和面色苍白等症状，此时教师应首先想到晕车这个原因。

晕车症状一般下车后会有好转，但也有一些幼儿会持续一段时间。

即便教师做足了预防措施，幼儿还是有可能晕车。那教师该怎么处理呢？

1. 车辆行驶过程中，如果发现幼儿晕车，教师可以适当地用力按压他的合谷穴，即大拇指和食指中间的虎口处；或用大拇指掐压内关穴，即腕横纹上约两横指处、前臂的两筋之间，也能减轻晕车症状。

2. 如果发现幼儿出现晕车的情况，教师首先要安慰幼儿不要紧张，尽可能放松心情，或者想办法逗幼儿开心。同时，教师还可以让幼儿适当改变一下坐的位置或姿势，如果坐在靠窗的位置，教师可以把窗户打开，让晕车的幼儿呼吸一下新鲜空气。

3. 教师可以将风油精涂抹于幼儿的太阳穴或风池穴，也可以滴两滴在幼儿的肚脐眼处，并用伤湿止痛膏敷盖。

教师还可以带几个橘子。发现幼儿晕车时，将橘皮剥下来，让橘皮

表面朝外向内对折，然后对准幼儿的鼻孔用手指挤压，此时橘皮便会喷射出带芳香味的油雾，幼儿吸闻后，会感觉舒服一点。

对于晕车严重的幼儿，教师应在乘车前让他们口服少量晕车药，由于晕车药有一定的副作用，因此用量一定要遵照医嘱。

预防幼儿晕车的措施主要有以下几种：

1. 乘车前，教师要告诉食堂的厨师或家长，不要给幼儿准备太油腻的餐点，也不要让幼儿吃得太饱，当然也不要让他们饿着肚子，可以给幼儿吃一些可提供葡萄糖的食物。

如果早上没有吃好或者没有吃饱，再加上一路颠簸，就容易晕车。所以，不仅要吃饱还要吃好，确保营养。否则幼儿就会胃中空虚，缺少能量供给。幼儿的早餐要讲究营养合理搭配。

2. 在出行的路上，幼儿做错了事，教师不能没完没了地批评幼儿，否则幼儿的心情会不愉快，而心情不好会引起全身各个系统的微妙变化，比如腺体分泌增加、自主神经紊乱，进而引起恶心、呕吐、头晕等症状。有的幼儿还会因委屈而大哭，直到哭得喘不过气来。所以，在出行中，教师一定要让幼儿保持愉快的心情。教师还可以组织幼儿唱歌以分散其注意力。

3. 幼儿出行时，因为担心幼儿会在途中哭闹，或时间长了怕孩子饿着等原因，一些教师或家长就会在上车前为幼儿准备许多零食。这虽然可以避免幼儿哭闹、挨饿，但是如果他们吃的零食过多，会使血液循环变慢，影响脑部供血和供氧，进而导致幼儿晕车。

其实，这些情况完全可以通过其他方法避免，比如在途中给幼儿介绍沿途的风景，让幼儿听儿歌，给幼儿讲故事，或者用果汁、酸奶等一些软性饮料来替代零食。

此外，如果幼儿以前有晕车经历，教师可以在上车前给幼儿适当地吃点晕车药，或在幼儿的肚脐部位贴一小块膏药或一块生姜片，这样也可以有效缓解幼儿的晕车反应。

4. 睡眠不足会影响幼儿脑部供血和供氧，从而引发晕车。所以，出门前一天，对于不住宿的幼儿，教师要提醒家长让幼儿早睡，避免因兴奋过度而缺少睡眠；对于住宿的幼儿，教师要培养他们早睡的好习惯，哄他们早点入睡。这样，早上起来幼儿才会精神倍增，大大降低晕车的几率。

5. 教师在平时应让幼儿多参加体育锻炼，做一些增强平衡性的活动，加强前庭功能训练。例如，教师可以让家长跟幼儿玩耍时抱着幼儿原地慢慢旋转；或者带他们荡秋千、跳绳和做广播体操；在教师的扶持下，幼儿走一走高度不高的平衡木；教幼儿沿着地上的细绳行走，尽量保持身体不要晃动。

6. 对于晕车的幼儿，教师应尽量把他们安排在颠簸较轻的位置，并打开车窗，让空气流通。同时，教师还要提醒同行的其他成年人，比如不要在车厢内抽烟，尽量让幼儿处于一个空气自然、清新的环境中，这样也可以大大降低幼儿的晕车几率。

7. 如果事先知道某个幼儿以前有晕车经历，教师可以告诉他尽量不要看窗外快速移动的景物，可以让他闭目休息或者想办法哄他睡觉。

54 幼儿发生交通事故怎么办

在幼儿意外伤害事故总数中交通事故占很大比例。2004 年，世界卫生日就以防范交通意外为主题提出"道路安全，防患未然"。据世界卫生组织统计，每年有 18 万以上的儿童死于道路交通事故，数十万的儿童因交通事故而致残。

导致幼儿发生交通意外事故的主要原因有以下几个：

1. 幼儿缺少生活常识，不懂得遵守交通规则。此类交通事故所占比例很高。查阅交通事故档案可以发现，儿童交通事故的责任方多半是受害儿童，如幼儿穿越马路时没有成年人带领，不走便道或人行横道，在公路旁玩耍、打闹、追逐、闯红灯等，这些都容易导致交通意外事故的发生。

2. 交通标志不醒目。一些地区的交通灯长期坏损而无人修理或难以辨认，人行横道标志不清，人多拥挤的路段也未设置标志牌。某些恶劣的自然条件，如雾、雪、雨等情况也可使交通标志难于辨认。幼儿在缺少交通标志引导时，常会按照自己的意志行事，这也是造成交通事故的原因之一。

3. 司机违章驾车。一些成人酒后开车、超速行驶、闯红灯，以致撞到路边玩耍的幼儿，或者接园的司机违章导致交通意外。

4. 个别教师一时疏忽，让一些幼儿偷偷地溜出幼儿园，在马路上玩耍而导致交通意外事故的发生。

5. 幼儿在汽车旁玩耍，也容易导致意外事故的发生。

6. 幼儿乘车时，监护人员忘了给幼儿系上安全带，或者行车时幼儿自己解开安全带。

7. 幼儿不懂坐车常识，坐在车上时常把头、手伸出窗外。

幼儿好奇心强，缺乏危险意识，而本身的自控能力和应变能力又较差，遇到紧急情况难于应付，因而发生交通意外事故的几率一般要高于成人。因此，教师应做好预防措施和安全教育，避免幼儿交通意外事故的发生。预防幼儿交通意外事故，可以从几个方面着手：

1. 日常教育活动中，教师应该设置一些交通安全课程，让幼儿懂得一些交通安全知识，熟悉各种交通信号和标志，使之能自觉遵守交通规则。

2. 用歌谣的形式让幼儿记住基本的交通规则。如：

过马路，要当心，红灯停，绿灯行，一等二看三通过，安安全全往前走。

大光灯，夜间亮，照得马路亮堂堂。转向灯，指方向，汽车转弯要避让。

汽车尾灯亮红光，保持距离记心上。汽车尾灯发白光，那是倒车要避让。

马路马路长又长，车辆来来又往往。走路要走人行道，穿越马路走横道。

汽车一刹不会停，还要冲出几米远。车前车后有死角，车旁玩耍易伤亡。

3. 可通过有趣的影片、故事书等，让幼儿了解安全的重要性。

4. 教育幼儿不要独自一人外出，不要穿越高速公路上的护栏，也不要跨越街上的护栏和隔离墩，不要在铁路轨道上行走、玩耍。

5. 过马路要牵住幼儿的手。教育幼儿过马路时应左看右看，车来让道，不要突然横穿马路，让幼儿养成"一等二看三通过"的习惯。

6. 教育幼儿不要在汽车上乱摸乱动，也不要在汽车下面玩耍或睡觉。幼儿园班车司机在开车前，应注意检查车底是否有幼儿。另外，司机不可盲目倒车，倒车前应下车看看车辆后面是否有幼儿。

7. 教育幼儿坐车时要坐稳，不可在车内跑来跑去，以免司机急刹车发生意外。幼儿上下车时，教师要注意待车停稳后，方能让幼儿上下。汽车行驶时，应告诫幼儿不要将头、手臂伸出窗外。

8. 为了保证幼儿的生命安全，建议家长为子女着装时，给幼儿戴上黄色或红色的帽子、穿上红色的上衣或裤子、背上红色的书包等，以引起司机的注意，从而减少意外事故的发生。

一旦幼儿发生交通意外，一定要及时进行救治，争取把伤害程度降到最低。教师要保持冷静，切忌乱了方寸，错失抢救幼儿的最佳时期。幼儿发生交通意外后，教师可以采用以下应急措施：

1. 立即拨打急救中心电话。

2. 判断幼儿是否仍有知觉，检查幼儿是清醒还是昏迷。

3. 如果幼儿处于清醒状态，在他情绪较为缓和后再检查。

4. 如果幼儿昏迷不醒，教师要用手轻轻打开他的嘴，检查里面是否有异物。

5. 查看幼儿是否还有呼吸，检查失血和骨折情况。

6. 如果幼儿的颈部或脊椎骨受了伤，教师千万不可移动他，必须在旁边安抚其情绪、固定其身体，防止幼儿乱动造成二次伤害。幼儿四肢或关节红肿、疼痛，并且动弹不得，可能是骨折或脱臼，在这种情况下，教师不要触动伤处。

7. 如果幼儿呼吸微弱或没有呼吸，教师应立即进行人工呼吸。若是脉搏也停止跳动，则以心肺复苏法为幼儿施救。

8. 若幼儿昏迷不醒，但没有严重的外伤，就让他侧躺，这样能使血液流出口腔，并确保舌头不会堵塞气管。

9. 出血过多会导致休克。幼儿出血时，教师要及时用干净的布块压住伤口。如果布块已被鲜血染湿，也不要将它拿开，要继续加布块，并用力压住伤口。

第五章 加强饮食管理，保证幼儿膳食安全

　　饮食问题特别是饮食安全问题是幼儿能否健康成长的关键。幼儿在园的饮食问题一直是家长关注的焦点，一方面如今幼儿的饮食习惯不尽如人意，如暴饮暴食，一方面近年来食品安全局势不容乐观，而且有蔓延至幼儿园的趋势，这会极大地危害到幼儿的身心健康。鉴于此，教师应做好相关引导和预防工作，为幼儿的身心健康发展奠定良好的基础。

55 学校食堂发生食物中毒事故

食物中毒，是指食用了被有毒有害物质污染的食品或者含有毒有害物质的食品后出现的急性、亚急性疾病。这是一类经常发生的疾病，会对人体健康造成严重损害。

食物中毒者最常见的症状是剧烈的呕吐、腹泻，同时伴有中上腹部疼痛，会因上吐下泻而出现脱水症状，如口干、眼窝下陷、皮肤弹性消失、肢体冰凉、脉搏微弱、血压降低等，严重的还可能导致休克。

教师平时应该加强对幼儿的观察，发现有幼儿脸色不对或不舒服，伴有呕吐等症状时，应及时带幼儿到园保健室就医，并持续观察幼儿的后续情况。吃饭或喝牛奶时若有幼儿说饭菜味道不对，要先让其他幼儿停止食用，查明原因后再作安排。

总体来说，食物中毒的特点是潜伏期短，爆发突然，多数表现为肠胃炎的症状，并和食用某种食物有明显关系。教师可以根据这些特点判断幼儿的中毒程度，然后采取相应措施。

食物中毒大体上可分为三类：

1. 细菌性食物中毒。主要是指进食含有细菌或者细菌毒素的食物而引起的食物中毒。这类食物中毒较常见，发病率非常高但病死率比较低，有明显的季节性，一般发生在气候比较炎热的夏秋季节。抵抗力低的人，如病弱者、老人和幼儿较易发生细菌性食物中毒。

2. 化学性食物中毒。主要是指误食有毒的化学物质，如鼠药、农药、亚硝酸盐等，或食用被这些有毒的物质污染的食物而引起的中毒。这种化学性食物中毒的特征主要有：发病快，潜伏期较短，多在数分钟至数小时内发作，少数也有超过一天的；中毒程度严重，病程比细菌性毒素中毒长，发病率和死亡率较高。

3. 食用有毒动植物中毒。通常是指误食有毒的动植物，或者食用了因加工烹调的方法不当、没有除掉有毒成分的动植物食物引起的中毒。

比较常见的有四季豆中毒、生豆浆中毒、发芽的马铃薯中毒、河豚中毒以及有毒的蘑菇中毒等。这种食物中毒的发病率也比较高，病死率一般因动植物种类而异，有一定的季节性。

病从口入，幼儿正处于生长发育阶段，预防食物中毒，是幼儿健康成长的必要保证。教师应该了解一些食物搭配问题，把好幼儿食品安全关。比如有些食物同食不宜，如鸡蛋与豆浆、萝卜与橘子、柿子与白薯、牛奶与巧克力不宜同食；牛奶、酸奶、乳酪不宜与花椰菜、黄豆、菠菜、苋菜、空心菜等同时食用；羊肉与西瓜、香蕉与芋头、松花蛋与红糖、豆腐与蜜糖、黄瓜与花生、芥菜与兔肉、狗肉与绿豆、柿子与螃蟹等也不宜同时食用。教师知道了这些，可以在很大程度上避免幼儿因此造成的伤害。同时，教师还要预防幼儿进食变质食物。

教师预防幼儿吃变质食品的有效方法有以下两个：

1. 幼儿吃变质食品的一个重要原因是他们不了解为什么不能吃。因此，教师应以幼儿可以理解的方式，让他们了解变质食品对他们的危害，丰富他们的生活经验，让他们对自己周围的环境多一些了解。

例如，让幼儿比较一下干净食品和变质食品哪个能吃哪个不能吃。经过一番引导，大多数幼儿都能明白变质食品不能吃的道理。

2. 教师应教育幼儿吃带包装的食品前，先问大人有没有过期；吃放置过一段时间的食物前要先看一看颜色是不是发生了改变，闻一闻是不是有发霉的味道，如苹果烂了就会变成黑色，还会有怪怪的味道。

教师还应该了解以下几种食物中毒的急救方法：

方法 1，催吐：如果食用时间在 1～2 小时内，可使用催吐的方法，立即取食盐 20 克加开水 200 毫升溶化，搅拌冷却后一次喝下，可视情况加量，迅速促进呕吐。也可用鲜生姜 100 克捣碎取汁用 200 毫升温水冲服。如果吃下去的是变质的荤食，则可服用十滴水来促使迅速呕吐。有时还可用筷子、手指或鹅毛等刺激咽喉，引发呕吐。

方法 2，导泻：如果幼儿食用食物时间较长，已超过 2～3 小时，在幼儿精神相对较好的情况下，可服用些泻药，促使中毒食物尽快排出体外。

方法 3，解毒：如果幼儿是吃了变质的鱼、虾、蟹等引起的食物中毒，可取食醋 100 毫升兑水 200 毫升，稀释后一次服下。此外，还可采用紫苏 30 克、生甘草 10 克一次煎服。

如果经上述急救，症状未见好转，应尽快送医院治疗。在治疗过程中，要给幼儿以良好的护理。

一旦有幼儿食物中毒，教师应及时采取以下应急措施：

1. 一旦有两名以上幼儿相继出现中毒症状，教师应立即意识到有可能发生了幼儿群体中毒事件，要迅速检查全园幼儿的身体状况。

2. 事态严重的，教师可立即拨打 120、110 求救，并马上联系园长和医院，及时将中毒的幼儿送去治疗。

3. 向园长汇报情况，追回已派发的可疑中毒食品或物品，或通知有关人员停止食用可疑中毒食品、停止使用可疑中毒物品。

4. 将中毒幼儿所吃的食物，进餐总人数，同时进餐而未发病者所吃的食物，病人中毒的主要特点，可疑食物的来源、质量、存放条件、加工烹调的方法和加热的温度、时间等情况向园长反映。

5. 呕吐有利于排出毒物，因此幼儿发生呕吐时，切忌止吐。教师要配合医院医务人员妥善安排治疗，并到医院守护中毒幼儿，这样，幼儿有什么情况便于及时汇报、解决和处理。

6. 发生食物中毒后，教师要保护好现场，保管好供应给幼儿的食物，维持原有的状况，对可疑的食物和留样食品立即封存。如是食用园外食物所致，应立即与家长联系，尽量争取取样。

56　学校门口的流动小摊的食物卫生安全

幼儿总是在上学、放学的路上有贪嘴的时候，随意购买学校外面无固定摊位的、卫生状况很差的个体摊贩出售的食品。教师一定要与幼儿家长联系，劝阻幼儿不要购买流动小摊上的食品，尤其是在天气炎热的时候，食品很容易变质，吃了不洁食品，到时候闹肚子甚至造成食物中毒。

《中小学幼儿园安全管理办法》第 54 条规定："卫生、工商行政管理部门应当对校园周边饮食单位的卫生状况进行监督，取缔非法经营的小卖部、饮食摊点。"

《学校食堂与幼儿集体用餐卫生管理规定》第 27 条规定："学校应当对幼儿加强饮食卫生教育，进行科学引导，劝阻幼儿不买街头无照（证）商贩出售的盒饭及食品，不食用来历不明的可疑食物。"

1. 为了确保学校周边的食品卫生安全，学校可以请相关的城管、工商、卫生等执法部门配合，对学校周边开展食品卫生环境的专项整治工作。要严格查处出售不符合卫生标准的食品的行为，取缔不符合卫生规范、无照经营的流动饮食摊贩，杜绝不法兜售行为。

2. 流动饮食摊贩一般出现在学校上学和放学两个时间段内，在这两段时间内可以安排执法人员专门负责巡查，处理相关违法问题。只有这样，才能从源头上肃清校园周边的食品安全隐患，为我们的青少年提供一个良好的食品卫生环境。

57 饮食要合理，以免消化不良

消化不良会增加幼儿肠胃和肾脏的负担，还可能给这些脏器带来伤害，所以不仅家长要注意，教师也要注意。

如果幼儿不主动告知，教师如何发现幼儿消化不良呢？

"食不好，睡不安。"睡觉时身子不停翻动，有时还会咬咬牙；幼儿最近大开的胃口又小了，食欲明显不振；经常说肚子胀、肚子疼；鼻梁两侧发青、舌苔白且厚，还能闻到呼出的口气中有酸腐味……如果幼儿有类似的表现，那就是消化不良了。

消化不良会引起恶心、呕吐、食欲不振、厌食、腹胀、腹痛、口臭、手足发烧、肤色发黄或精神萎靡等症状。

通常，引起幼儿消化不良的原因主要有以下几个：

1. 幼儿的消化能力差，应吃一些易消化的食物，饮食应逐渐由流质向糊状食品、稀饭等半流质以及软饭、面包等固体食物转变。可是，一些家长却没有这样做，而是觉得哪种好吃、有营养就给幼儿吃，结果因为忽略了幼儿的消化能力而导致幼儿消化不良。

2. 有的幼儿第一次吃某种食物觉得好吃，就一下子吃了很多，结果造成消化不良。所以，在给幼儿吃一些新种类的食物时，一次不能让他吃太多，而应在以后逐渐增加，让其有个适应过程。

3. 幼儿的饮食应注意营养平衡。幼儿生长需要包括蛋白质、脂肪、碳水化合物、维生素、矿物质等在内的不同的营养素。谷物是最基础的食物，而肉、鱼、奶、蛋、蔬菜、水果等食物中所含的不同种类营养也是身体所必需的。因此，搭配幼儿的饮食时，应力求种类多样化。

4. 作息时间改变，也会影响幼儿的消化功能。幼儿在园里的饮食通常都是按固定规律安排的，而节假日在家里，就无法保证。有些家长放假了爱让幼儿睡懒觉，三餐的时间都后延，有的家长干脆将早餐、午餐并为一餐。成年人往往不会觉得怎么样，可幼儿却无法承受，因为作息时间改变后，幼儿的进食规律同时被打乱，肠胃就要重新调整工作状态。如果调整幅度过大，肠胃无法适应，它们就会闹"罢工"。

5. "儿童不知饥饱"，幼儿对喜欢吃的、好吃的，吃起来会没有节制，自己吃撑了都不知道，这样也很容易造成消化不良。

幼儿消化不良是可以预防的。教师可以采用如下方法进行预防：

1. 养成定时定量吃东西的习惯对于幼儿来说非常重要。如果幼儿一会儿吃糖一会儿吃饼干，到正常吃饭时间，就会没有饥饿感。所以，在园里吃饭时，教师应帮助幼儿控制饮食量，就算是他们喜欢吃的东西，也不能让他们由着性子吃，要有所控制。

对于幼儿饮食习惯培养的问题，教师可以在开家长会或家长接幼儿时，建议家长固定用餐时间，尽可能与幼儿园保持一致。

2. 一些幼儿喜欢边吃饭边玩玩具或说笑、打闹，其实这对幼儿的消化是不利的。吃饭需要专心，教师必须让幼儿养成专心吃饭的习惯。如果孩子因不愿吃饭而边吃边做其他事情，教师应该及时采取措施，如吃饭时可以让幼儿自己捧饭碗、拿小勺独立用餐。

3. 教师要调整好幼儿在园内的饮食结构，给幼儿多安排些易消化、易吸收的食物，同时也建议家长不要给幼儿吃过多高热量、高脂肪的食物。

4. 每顿饭七八分饱有益于健康。无论是哪种食物，即便再好吃再有营养，也不能一次吃得太多，否则不但不能促进身体发育，反而会导致积食、腹泻等状况，损害幼儿的身体健康。

幼儿消化不良时，教师可以采取如下方法，帮助幼儿促进消化：

1. 幼儿即使因消化不良不想运动，教师也应坚持让幼儿做户外活动。如果天气冷，教师可以选择太阳好、风小的时候，带幼儿在户外活动半小时。

2. 当幼儿腹部受凉，引起腹胀、恶心呕吐、烦躁口渴、舌苔黄厚、大便干燥时，以及幼儿因积食引起咳嗽、喉痰鸣、腹胀如鼓、不思饮食、口中有酸臭气味时，教师可以依据病情症状，给幼儿服用相应的促进消化的药。

3. 糖炒山楂有清肺、消食的功效，尤其是对吃肉过多引起的消化不良效果更好。当发现幼儿消化不良时，教师可以请食堂的厨师帮忙准备一些，给幼儿饭后食用。

醋也可以帮助幼儿缓解消化不良的症状。对于食用鸡蛋引起消化不良的幼儿，教师可以在米汤中加入一小勺醋；如果幼儿吃了太多油腻的食物觉得恶心，可喝几口醋。

58 对于学校食堂工作人员要有严格的卫生要求

学校食堂的工作人员，尤其是可能与食物的供应发生接触的人员，如厨师、窗口服务人员等，是保证学校食堂饮食安全卫生的关键。

《幼儿集体用餐卫生监督办法》第7条第1款规定："幼儿集体用餐生产经营人员应按规定经体检合格取得健康证后方可上岗。"

《学校食堂与幼儿集体用餐卫生管理规定》第20条规定："食堂从业人员、管理人员必须掌握有关食品卫生的基本要求。"

第21条规定："食堂从业人员每年必须进行健康检查，新参加工作和临时参加工作的食品生产经营人员都必须进行健康检查，取得健康证明后方可参加工作。凡患有痢疾、伤寒、病毒性肝炎等消化道疾病（包括病原携带者），活动性肺结核，化脓性或者渗出性皮肤病以及其他有碍食品卫生的疾病的，不得从事接触直接入口食品的工作。食堂从业人员及集体餐分餐人员在出现咳嗽、腹泻、发热、呕吐等有碍于食品卫生的病症时，应立即脱离工作岗位，待查明病因、排除有碍食品卫生的病症或治愈后，方可重新上岗。"

第22条规定："食堂从业人员应有良好的个人卫生习惯。必须做到：（一）工作前、处理食品原料后、便后用肥皂及流动清水洗手；接触直接入口食品之前应洗手消毒；（二）穿戴清洁的工作衣、帽，并把头发置于帽内；（三）不得留长指甲、涂指甲油、戴戒指加工食品；（四）不得在食品加工和销售场所内吸烟。"

1. 学校如遇幼儿反映某工作人员有不卫生不安全的工作行为，学校相关管理部门应该重视，及时处理，对涉及的可能不卫生的食品禁止出售，对有关窗口进行整顿，对有关人员进行处罚和教育。

2. 幼儿学校应对学校食堂工作人员加强饮食安全卫生的教育并进行监督，建立考核制度。所有食堂工作人员上岗前必须参加食品卫生知识培训并且经过健康检查、领取健康证。学校也应对食堂工作人员定期进行饮食安全卫生培训，至少一年进行一次体检，平时注意检查工作人员的个人卫生情况。食堂工作人员应遵守不留长指甲、不涂指甲油、不戴饰品、不吸烟，上岗前应洗净双手，戴卫生手套、着洁净的工作服等规定。

教师要教导幼儿，遇到不卫生的食物，如食物中有烟头、苍蝇等，应立刻停止进食，并向学校食堂管理人员反映。发现食堂工作人员有不卫生的行为，如在工作场所抽烟、没戴卫生手套等，也应及时向学校食堂管理人员反映。

平时在食堂就餐，要留心食物的卫生状况。对于不卫生的食品不要不当一回事而继续进食。对于幼儿园食堂、餐厅的工作人员，也要发挥自己的监督作用，为确保幼儿园饮食安全卫生尽一份力。

59 保障学校提供的课间餐的安全卫生

课间餐提供给幼儿学习以及身体发育所需要的营养，是有利于幼儿健康成长的。但是学校必须保证课间餐的安全卫生。发生课间餐导致的安全卫生问题时，要及时停止食品的供应，彻查原因，追究责任到人。对出现不良症状的幼儿及时送医，并制作饮用了不卫生不安全课间餐的幼儿名单，密切关注幼儿的身体状况。

平时幼儿食用课间餐前，教师应注意食物是否有异味或者其他异状，而不要毫不留心地给幼儿食用。发现课间餐出现不安全不卫生的情形，如变味发霉时，要向学校反映，要求学校解决，而不要不当一回事继续食用。尤其是夏天，更要注意食物是否发霉变质。不可食用有安全隐患的课间餐。

教师应保障幼儿的课间餐安全卫生：

1. 幼儿普通餐、幼儿营养餐、幼儿课间餐生产经营者应向所在地县级以上卫生行政部门领取卫生许可证。幼儿营养餐的生产经营者，其卫生许可证中必须有获准"幼儿营养餐"的许可项目。未领取卫生许可证者不得生产经营幼儿普通餐、幼儿营养餐和幼儿课间餐。

2. 幼儿集体用餐生产经营人员应按规定经体检合格取得健康证后方可上岗。幼儿课间餐的食品每份应当单独包装。

3. 提供课间餐的单位或部门，必须有卫生行政部门颁发的食品卫生许可证。学校选择校外厂家提供课间餐的，应考察该单位的卫生状况；

设立课间餐安全卫生的负责人，对课间餐的安全卫生问题进行监督检查，出现问题时及时反馈和解决。

4. 食用课间餐后，教师应仔细观察幼儿的情况，如出现不适症状，要及时向校方说明，及时就医。

如果发现幼儿在食用课餐后发生了异样的反应，比如中毒，应立即采取相应的措施。

60　发生饮用水中毒事件

幼儿生病不可小视，尤其是班里多名幼儿同时生病，一定是由传染病或者食物中毒所致。所以，每一位教师都应该提高警惕，细心观察幼儿的状况。

《食品安全法》第27条第（九）项规定："食品生产经营应当符合食品安全标准，并符合下列要求：（九）用水应当符合国家规定的生活饮用水卫生标准……"

《学校卫生工作条例》第7条第2款规定："学校应当为幼儿提供充足的符合卫生标准的饮用水。"

学校应建立饮用水中毒应急预案，确立饮用水安全卫生的负责人。若确定学校发生饮水中毒事件，全校立即停止饮用出现问题的水，并保留该水水源的样本、保护好现场，积极主动配合区卫生食品药品监督所进行调查，按卫生行政部门的要求如实提供有关材料和样品。要处理好中毒幼儿的及时治疗问题，注意安抚幼儿情绪。

学校在日常管理活动中，应加强对饮用水安全卫生的重视。应注意，管道直饮水须具备卫生许可证；涉水产品要有卫生许可证批件，并且应建立质量管理体系和检验室，或委托检验机构定期对直饮水进行检验；二次供水设施周围环境、蓄水池须符合卫生要求；桶装饮用水应具备卫生许可证及半年内产品的检验合格报告；要建立饮用水卫生管理制度等。

如果学校发生饮用水中毒情况，教师首先要稳住幼儿的情绪，保持镇定，及时把幼儿送往医院诊治。

在日常生活中，教师要提醒幼儿，不饮用生水，不直接喝自来水。要喝经过加工和烧开的热水，尽量不要喝隔夜的开水。隔夜的开水可能会有一些微生物繁殖，并且水中亚硝酸盐的含量会升高。尤其在炎热的夏天，更要注意水的保质，注意饮水卫生安全。

61 **幼儿在食堂集体用餐时的人身安全**

食堂里的人比较集中，食堂人员选择在午饭前打扫地面，致使地面潮湿打滑，对幼儿的安全存在威胁。更不应该的是，学校食堂不应该把热汤桶放置于幼儿排队打饭的食堂门口外，存在明显不安全因素，属于疏于管理。对此，学校应承担相应的赔偿责任，具体赔偿数额由法院依照证据确定为 19 万余元。

学校有义务确保幼儿在食堂集体用餐时的人身和财产安全。发生幼儿伤害事故时，学校饮食服务中心负责人员应立刻根据不同的伤情对受伤幼儿进行救治，同时将受伤幼儿带离人员聚集处，一是为了受伤幼儿的安全考虑，二也是为了防止骚乱发生。对于造成危害的人或物，要及时进行隔离处理，并派人维持食堂餐厅的秩序，确保其他就餐幼儿能够正常进餐。

学校食堂应将可能危害就餐幼儿身体健康的物品，比如热汤、热水或食堂工作人员使用的刀等危险工具，放置在幼儿难以触及的地方。同时学校食堂应建立值班制度，每天有专人专项负责幼儿就餐时的安全，一旦发生安全问题，可迅速进行处理，并维持食堂正常就餐秩序。

当幼儿被烫伤时，教师应立即采取措施：

1. 冷却伤处，可以用冷水冲洗，用清水冲洗至少应为 10 分钟。

2. 如果烫伤较轻，没有伤口，可用烫伤药膏或者牙膏等涂在患处。当遇到严重烫伤时，应用清洁的布料等柔软干净的物品遮盖伤处，立即将伤者送往医院救治。应注意的是，如果烫伤严重，不要用烫伤药膏。

而且即使是轻度烫伤，在自行处理后，也应该去医院就诊。

3. 在学校食堂就餐时，教师要提醒幼儿，注意不要拥挤，以防发生踩踏、推挤等情况。对于食堂里违规摆置的可能造成幼儿伤害的物品，如热水桶等，要注意远离，避免碰撞，并应通知食堂负责人员，将危险物品收走。

62　防范学校食堂、餐厅被投毒

幼儿的餐饭一定要格外小心，容不得半点的马虎。这一点，幼儿园必须严格负责到底。

《中小学幼儿园安全管理办法》第56条规定："校园内发生火灾、食物中毒、重大治安等突发安全事故以及自然灾害时，学校应当启动应急预案，及时组织教职工参与抢险、救助和防护，保障幼儿身体健康和人身、财产安全。"

在短时间内发生数量较多的幼儿表现出中毒症状，无论事情发生时能否确定是投毒，先要组织幼儿停止食用可疑食物。然后迅速进行初步抢救，如催吐排毒等。同时要向主管人员报告。紧急处理后，应及时送往医院治疗。对于中毒者吃剩的饭菜，炊事用具，饭菜成品、半成品等都应保留待查，以便确定中毒原因。如怀疑是人为投毒，应报告当地公安机关。

幼儿园的食堂应建立严格的安全保卫措施，严禁非食堂工作人员随意进入学校食堂的食品加工操作间及食品原料存放间，防止投毒事件的发生，确保幼儿用餐的卫生与安全。

1. 幼儿园应加强对学校食堂、餐厅的安全保卫，尤其是食堂的操作间和原料的储备间，要绝对禁止非食堂工作人员进入，以保证食物的安全卫生。发现有可疑人员闯入，要及时与幼儿园保卫人员联络，对可能被污染的食物暂时封存，留待后续化验等。

幼儿园食堂的工作间应是禁止非工作人员随意进入的，如果发现食堂有可疑人员进入，应将情况报告给食堂负责人员。吃饭时，如果发现食物品质不对，最好停止进食，以防意外发生。

2. 如果感觉幼儿进食了有毒食物，可通过催吐排除毒物。比较简单并且奏效迅速的方法是，用硬羽毛、压舌板、匙柄、筷子、手指等搅触咽弓和咽后壁使之呕吐。但是一定要注意尺度，不要让筷子等坚硬物伤害了幼儿的喉咙。如因食物过稠不能吐出、吐净，可先喝适当的温清水或盐水，然后再促使呕吐，如此反复行之，直至吐出液体变清为止。

如果时间条件允许，也可以将 20 克食盐溶于 200 毫升温水中口服。取生姜 100 克，捣碎取汁，用 200 毫升温水冲服，也是催吐方法之一。这两种方法均可刺激胃黏膜引起呕吐。

应注意的是，当呕吐发生时，催吐人头部应放低，危重的可将头转向一侧，以防呕吐物吸入气管，发生窒息或引起肺炎。服腐蚀性毒物及惊厥尚未控制的中毒者不宜催吐。有严重心脏病、动脉瘤、食道静脉曲张、溃疡病等的不宜催吐。

催吐对幼儿的身体有一定损害，因此要慎重适用此方法，催吐过后要注意饮食健康与休息。

第六章　疾病发生时，幼儿健康居于首位

　　幼儿生病，家长与教师都跟着操心。教师要做好幼儿常见病、多发病、传染病的预防检疫工作，把好幼儿入园关、防治关、隔离关。按照物品消毒常规要求定期定时进行消毒，控制疾病发生率。加强体弱儿的日常管理，对他们的衣、食、睡、行等给予特别照顾和护理，逐渐增加户外活动和体育锻炼的时间，以提高机体的适应能力。

63 询问幼儿过敏史，以防食物过敏

幼儿因食物而引起的过敏反应，可以在吃完食物后数分钟到数小时发生，常见症状有呕吐、腹泻、腹痛、肿胀、荨麻疹、湿疹、嘴唇或口腔发痒、喉咙发痒或发紧、呼吸困难、血压降低等。幼儿食物过敏反应的患病率约为 6%～8%，食物过敏的患者常伴有支气管哮喘，对牛奶过敏的幼儿，哮喘的发病率可高达 26%。

在平时的饮食中，教师应认真观察并询问家长幼儿是否有过敏史，尽最大努力降低幼儿饮食的危险。

大多数的食物过敏反应发生在幼儿期，这不仅是因为有过敏体质的成年人更容易建立避免进食过敏物质的意识，还在于幼儿期是人体开始尝试各类食物和对食物建立反应的特殊时期。从身体构造的角度来看，幼儿的肠道通透性远远大于成年人，食物中的过敏源更容易被吸收。

严格地讲，食物过敏是没有药物可以预防的。治疗的基本原则是避免食用会引起过敏的食物，一旦医生诊断出某些食物会造成过敏，就应避免食用。那么，教师如何在幼儿园减少幼儿食物过敏情况的发生呢？

1. 不让幼儿食用容易过敏的食物

从饮食的角度讲，比较容易引起幼儿过敏的食物主要有以下几类：

（1）蛋奶食品：牛奶和鸡蛋虽然含有丰富的蛋白质，对幼儿的成长很有利，但同时也是过敏源。牛奶和鸡蛋中的蛋白质很容易被幼儿的肠道吸收并渗透到血液中，形成过敏毒素，刺激人体，从而使人体发生过敏反应。

（2）肉类食品：肉类食品会降低人体红细胞的质量，使其易破裂。如果长期大量食用肉类食品，人体对自然的适应能力就会大大降低。

（3）油炸食品：很多儿童喜欢吃含油量过高的油炸食品，这些食物过于油腻，很容易破坏肠胃的消化功能，导致肠胃功能失常，从而导致人体出现过敏反应。

（4）冷冻食品：冷冻食品的温度比较低，容易刺激咽喉、气管、胃和肠道，使血管和肌肉在瞬时紧张性收缩，从而导致人体出现过敏反应。

（5）辛辣食品：含有辛辣等刺激气味的食品或调味品，其气味和口味会同时刺激人的呼吸道和食道，从而导致食物过敏。

（6）花生制品：花生引起的食物过敏一般比较迅速，食用后半小时即会出现危险反应，而且90％因过敏而死亡的病例都是因为食用了花生制品。

（7）海鲜：鱼、虾和蟹等食品中含有非常高的异体蛋白质，这些异体蛋白质也是引发过敏反应的物质之一。过敏体质的人，往往容易对海鲜出现过敏反应。

2. 多吃提高免疫力的食品

教师可以请食堂的厨师多给幼儿烹调一些能够提高身体免疫力、减少过敏症状的食物，如大豆、荞麦、糙米、栗子、青椒、胡萝卜、豆制品等，同时可以让幼儿多食用胡桃、苹果等水果。

若发现幼儿食物过敏，教师可以采取以下措施帮助幼儿缓解症状：

1. 维生素C具有抗组织胺的作用，可以减轻由组织胺释放化学物质而造成的过敏现象。青椒、芭乐、木瓜等蔬菜和水果，都含有丰富的维生素C。

2. 多摄取n-3脂肪酸食物，可抑制身体产生发炎与过敏反应。食用鲭鱼、秋刀鱼、鲑鱼、沙丁鱼和亚麻籽油，或补充深海鱼鱼油等，都可以摄取足量的n-3脂肪酸。

3. 人体70％的淋巴免疫系统在肠道，适度补充肠道有益菌，如乳酸菌、优酪乳等，可以调整人体肠内菌丛生态，增加体内益生菌菌群，提高肠道黏膜的免疫力，避免过敏。

4. 适度食用糙薏仁，糙薏仁中含有的糖蛋白成分具有抗补体活性作用，能抗过敏。教师可以让幼儿适度食用糙薏仁粥。

64 患流行性腮腺炎，以免感染

流行性腮腺炎简称"流腮"，俗称"痄腮""猪头疯""蛤蟆瘟""对耳风"等，是春季高发疾病，也是儿童和青少年中常见的呼吸道传染病。它是由腮腺炎病毒侵犯腮腺引起的急性呼吸道传染病，常侵犯各种腺组织、神经系统和肝、肾、心脏以及关节等器官而引起并发症状。

病毒存在于患者唾液中的时间较长，腮肿前 6 天至腮肿后 9 天均可自病人唾液中分离出病毒，因此在这两周内有高度传染性。感染腮腺炎病毒后，无腮腺炎表现，而有其他器官如脑或睾丸等部位炎症者，则唾液及尿也可检验出病毒。在高发季节，约 30％～40％患者仅有上呼吸道感染的亚临床感染，是重要传染源之一。

腮腺肿胀最具特征性，一般一侧先肿胀，但也有两侧同时肿胀者。一般以耳垂为中心，向前、后、下发展，状如梨形而具坚韧感，边缘不清。当腺体肿大明显时出现胀痛及感觉过敏，张口咀嚼及进食酸性饮食时更厉害。局部皮肤紧绷发亮，表面灼热，但多不红，有轻触痛。腮腺四周的蜂窝组织也可能呈水肿，可上达颧骨弓、下至颌部及颈部，胸锁乳突肌处也可被波及，偶尔也有水肿出现于胸骨前。

通常一侧腮腺肿胀后 1～4 天累及对侧，患者中双侧肿胀发生几率约75％。颌下腺或舌下腺也可同时被波及，颌下腺肿大时颈部明显肿胀，舌下腺肿大时可见舌及颈部肿胀，并出现吞咽困难。

腮腺管口在早期常有红肿。唾液分泌初时增加，继因潴留而减少，口干症状一般不显著。

流行性腮腺炎普遍易感染，其易感性随年龄的增加而下降。对于幼儿来说，教师更应注意此病的传染性，切实做好相关预防措施。在预防幼儿患上流行性腮腺炎方面，教师可以参考以下有效方法。

方法 1. 教师要做好流行性腮腺炎疫情的监测与报告，做到早发现、早报告、早隔离、早治疗。

方法 2. 坚持做好常规防控，尽量使幼儿养成良好的个人卫生习惯，让幼儿避免用手触摸眼睛、鼻及口；用正确的方法洗手；咳嗽或打喷嚏时，要用纸巾遮掩住嘴和鼻子，用完后的纸巾应扔进有盖的垃圾桶。

保持室内通风换气，每天开窗通风半小时以上，以保持室内空气流通，室内人员密集时可用食用醋熏蒸。

教师还应配合相关人员做好日常消毒与卫生管理，发现疑似病症后可用 1000 ～ 2000 毫克/升含氯消毒剂或 0.2% ～ 0.5% 过氧乙酸喷洒教室。

方法 3. 在腮腺炎流行期间，教师应教育幼儿不去人群密集、空气不流通的公共场所；不去病人家里；不接触公共场所的物品；外出时戴口罩，回家后要用肥皂或洗手液在流水状态下洗手 30 秒钟，以避免传染。

方法 4. 流行性腮腺炎到目前虽尚无特效疗法，但通过积极的对症治疗，除个别有严重并发症者外，大多恢复情况良好。教师应备好一些药，如板蓝根或金银花含片等，当有幼儿出现流行性腮腺炎症状时，可以让其吃药。

方法 5. 配合做好腮腺炎疫苗接种工作，打疫苗是预防流行性腮腺炎最有效的办法，教师应配合相关部门，并告知幼儿家长做好幼儿腮腺炎疫苗的接种工作。

在日常管理中，教师应细心观察幼儿，如有幼儿出现以上症状要及时做出相应处理。

1. 一旦发现幼儿患了流行性腮腺炎，要立即将患儿与健康幼儿分开，并保持活动室空气流通。幼儿病发期间至腮腺消肿之前，应让其在家养病，以免传染给其他幼儿。

2. 不要给患病的幼儿吃有刺激性的食物，要给他们吃易咀嚼和易消化的流食和半流食，以减轻他们吞咽的困难。要让其多喝开水，以促进体内毒素的排出。

3. 幼儿患腮腺炎后，教师要将其所用餐具和洗漱用具与其他幼儿的分开，并煮沸消毒。

4. 定时给幼儿测量体温，必要时，可以采取降温措施。

5. 保持幼儿口腔卫生，教育幼儿经常用温盐水漱口。

6. 用包了毛巾的热水袋给幼儿在患处热敷，可以减轻幼儿患处的疼痛。

65 误服药物时，及时排毒

幼儿误服药物后，通常会出现一些异常症状，如突然出现原因不明的腹痛、面部青紫、恶心和呕吐、皮肤潮红、多汗、狂躁、昏迷和惊厥等反应。如果幼儿园内多人同时发病，教师应高度重视，尽快通知园长及家长，并拨打急救电话。

期间，教师应认真观察，利用平时学到的知识初步判断幼儿的中毒情况。比如，幼儿口中有蒜臭味，极有可能是有机磷、无机磷和砷中毒；如果有苦杏仁味，则可能是氰化物中毒；如果幼儿瞳孔缩小则可能是有机磷农药中毒；而误服安眠药则会出现呼吸减慢，误服含氨类、颠茄类和咖啡因等的药物则会呼吸急促；皮肤紫绀多见于亚硝酸盐药物中毒。

在平时，教师应多加注意，尽可能避免幼儿误食药物的情况发生。

1. 幼儿误服药物中毒的原因比较复杂，如把带有甜味和糖衣的药物当成糖果吃，把有鲜艳颜色、芳香气味的水剂药物、化学制剂当成饮料喝。

这些药物引起的中毒大多是由于家长将药品随意放在桌柜上、枕边或幼儿容易拿到的抽屉里造成的。因此，为了防患于未然，教师应告知家长妥善保存药品，最好放在高处或加锁保管。同时，幼儿园常备的急救药品，也应注意保存在幼儿够不到的地方。

2. 在园内发现幼儿误服药物或毒物后，教师应及时进行急救处理，挽救幼儿生命。这就需要教师应先辨明误服的是什么，在救护车到来之前做好催吐、解毒等基本处理。所以教师应在平时学习一些基本的急救知识，以防万一。

3. 一些幼儿生病，家长没有时间管而交由教师照顾时，教师不要看到幼儿病情严重，就自行加量服药或增加服药次数，而是应当在发现幼儿病情不见好转时及时向医生请教。

教师若发现幼儿误服药物，应按照迅速排出、减少吸收、及时解毒、对症治疗的原则，尽快采取正确的处理措施。

1. 教师要及早发现幼儿吃错药的反常行为，如误服安眠药或含有镇静剂的降压药后，幼儿通常会表现得无精打采、昏昏欲睡。遇到此种情况，教师要马上给幼儿家长打电话，请其迅速检查家里的药物是否被幼儿动过。

2. 一些教师在发现幼儿误服药物，尤其是在园内误服药物时，可能会因心急而责骂幼儿，这是不可取的。教师此时不能惊慌失措，更不能打骂幼儿，否则幼儿只会哭闹，不仅说不清真实情况，还会延误时间，加快药物的吸收，增加救治难度。

3. 教师要安抚幼儿情绪，想办法尽快弄清其误服了何种药物、服药时间大约多长以及误服的剂量有多少，及时掌握情况，为下一步制订治疗方案做准备。

如果幼儿误服的是一般性药物且剂量较小，如毒副作用很小的普通中成药或维生素等，教师可以让幼儿多喝凉开水，使药物稀释并及时从尿中排出；如果吃下的药物剂量大且有毒性，或副作用大（如误服安眠药等），则应及时将幼儿送往医院治疗，而不能犹豫不决，延误救治时间。

如果误服的是腐蚀性较强的药物，在将幼儿送往医院的这段时间内，教师要就近请有医疗常识的人采取相应的急救措施。比如，误服强碱药物，应立即给幼儿服用食醋、柠檬汁和橘子汁等；误服强酸药物，则应使用肥皂水、生蛋清，保护幼儿的胃黏膜；误服碘酒等，则应让幼儿喝一些米汤、面汤等含淀粉的液体；如果幼儿错喝了癣药水、止痒药水和驱蚊药水，应立即让其尽量多喝含有鞣酸、有沉淀解毒作用的浓茶水。

4. 发现幼儿出现异常状况，并基本确定是误服药物后，如果是在园内误服的药物，教师不清楚误服何物时，要将装药品的瓶子及幼儿的呕吐物一同带往医院检查；如果知晓基本情况，应及时拨打急救电话，告知中毒原因，使医院能及时准备急救解毒药物，让幼儿以最快的速度得到合理治疗。

如果幼儿是在家中误服的药物，在送往医院急救时，教师应通知家长将错吃的药物或药瓶带上赶往医院，让医生了解情况，及时采取解毒措施。

66 出水痘，保持幼儿双手清洁

水痘常见于 2～10 岁的儿童，是一种发病急、传染性很强的传染病。水痘多发于冬春两季，常在幼儿园或小学流行。水痘的病原体是水痘带状疱疹病毒，存在于患者的血液、疱疹的浆液和口腔分泌物中。

出水痘的常见症状如下：

该病潜伏期为 14～15 日，发病较急，有发热、头痛、全身倦怠等前驱症状。在发病 24 小时内会出现皮疹，迅即变为米粒至豌豆大的圆型紧张水疱，周围有明显红晕，水疱的中央呈脐窝状。约经 2～3 天水疱干涸结痂，痂脱而愈，不留疤痕。皮疹呈向心性分布，先自前颜部始，后见于躯干、四肢。数目多少不定，以躯干为多，次于颜面、头部，四肢较少，掌跖更少。黏膜也常受侵，见于口腔、咽部、眼结膜、外阴、肛门等处。皮疹常分批发生，因而丘疹、水疱和结痂往往同时存在。

在为期 1～6 日的出疹期内，皮疹相继分批出现。皮疹呈现由细小的红色斑丘疹—旁疹—症疹—脱症的演变过程，脱症后不留皮痕。若因搔抓致继发性感染可留下轻度凹痕。如果幼儿抵抗力低下，皮疹可能全身性播散，形成播散性水痘。

水痘主要通过飞沫经呼吸道传染，接触被病毒污染的尘土、衣服、用具等也可能被传染。如果健康的幼儿与患水痘的幼儿经常一起玩耍、说话以及密切接触都可能会被感染。

通常情况下，幼儿患水痘后可能继发水痘脑炎、原发性水痘肺炎等严重的并发症。另外，葡萄球菌、链球菌还可经皮疹感染，引起疖、痈、脓等，甚至引起败血症、肺炎、化脓性关节炎或骨髓炎。

教师预防幼儿患水痘的工作主要有以下几个方面：

1. 教师应学习相关知识，发现幼儿有可疑症状应向园领导报告。教师还应及时送出水痘的幼儿去医院就诊，并让其在家中休息。

2. 水痘高发时期，教师应尽量少带幼儿去公共场所，避免幼儿接触水痘或带状疱疹病人，以防感染。如果幼儿园内出现出水痘的幼儿，教师要停止举办大型活动，减少病毒传播几率。

3. 教师应保持室内空气流通，但要注意防止幼儿受凉。如果有幼儿出水痘，教师应用 84 消毒液配水（比例是 1：100）擦洗课桌椅和学习用具，或用 1：100 的 84 消毒液喷洒教室进行空气消毒（室内消毒时需要关闭门窗，消毒完毕后开窗通风），也可用紫外线灯消毒。

4. 让幼儿注意个人卫生。

教师应教育幼儿讲究个人卫生，让他们经常洗澡、勤换衣服、勤剪指甲、勤洗手以保持皮肤清洁，减少被病毒感染的可能。

5. 接种水痘疫苗是最有效的预防手段。1～12 岁的儿童接种一次疫苗后，90％以上可产生 6 年以上的抵抗力。教师应提醒家长带孩子到当地的卫生服务部门接种。

因此，教师应细心观察幼儿，如果幼儿出水痘，应及时做出相应处理。

教师发现幼儿出水痘时，应该采取如下应急措施：

1. 隔离患病幼儿，防止其与其他小朋友接触而发生交叉感染。在饮食方面，教师宜给予易消化、富含维生素的流质或半流质食物。

2. 教师对接触水痘疱疹液的幼儿的衣服、被褥、毛巾、敷料、玩具、餐具等，根据情况分别采取洗、晒、烫、煮、烧等方式消毒，且不与其他幼儿共用。

3. 避免幼儿用手抓破痘疹，特别注意不要让幼儿抓破面部的痘疹，以免留下疤痕。为了防止这一情况发生，教师要把幼儿的指甲剪短，并保持其双手的清洁。

4. 教师应为幼儿套上棉手套，避免其用手揉眼将病毒带入眼睛而导致角膜炎，影响视力。

5. 注意病情变化，个别出水痘的幼儿可能并发肺炎、脑炎，如发现幼儿出疹后持续高热不退、咳喘或呕吐、头痛、烦躁不安、嗜睡，教师应及时通知家长，并送幼儿去医院治疗。

67　患流行性感冒，要隔离幼儿

流行性感冒简称"流感"，是流行性感冒病毒引起的急性呼吸道感染。流感可能会引起上呼吸道感染、肺炎及呼吸道外的各种病症。流行性感冒的传播途径是空气中的病毒颗粒，潜伏期一般是 1～3 天。幼儿是流感的易感人群，感染率可达 50％，比成人高 1.5～3 倍，幼儿园中极易出现大面积的流感。

成人感冒初期症状明显，有高烧、头痛、喉咙痛、肌肉酸痛、全身无力等症状，之后咳嗽和流鼻涕症状会陆续出现，部分幼儿可能出现腹痛、呕吐等肠胃症状。流感引起的发烧可能持续 3～5 天。严重时，还可能并发肺炎。

幼儿流感的临床症状往往不典型，部分患儿突然高热伴全身中毒症状，或伴有呕吐和腹泻等消化道症状，有的还会出现高热惊厥；小部分患儿表现为急性喉炎，气管、支气管炎，出现声音嘶哑、犬吠样咳嗽、喘息、喉中痰鸣等症状，严重者出现气道梗阻症状。

幼儿流感还容易引起多种并发症，流感病毒侵犯上呼吸道可引起中耳炎、鼻窦炎和腮腺炎等，侵犯下呼吸道可引起肺炎。

另外，流感可并发脑炎，还可诱发支气管炎、哮喘、心肌炎等。

因此，在日常生活中，教师应高度关注幼儿的健康问题，时刻注意预防流行性感冒。

教师预防幼儿流行性感冒的有效方法主要有以下几种：

1．搞好幼儿园的环境卫生，及时清理园内垃圾和废弃物，保持室内外环境的卫生。

2．教师应注意室内活动场所的通风换气，保持室内空气清新，尽量不使用空调，如确要使用应定期开窗换气。

3．引导幼儿养成良好的个人卫生习惯。

（1）勤洗手，不随地吐痰，打喷嚏要主动捂住口鼻，不要让飞沫溅到别人身上。

（2）注意劳逸结合，保证充足的休息和睡眠。

（3）多参加户外体育运动，增强体质，提高抵抗力。

（4）平时要根据天气的冷暖变化勤添减衣服。

（5）注意饮食卫生，多吃新鲜蔬菜和水果。

（6）个人生活用品要专用，不要与其他人共用或交换使用毛巾、牙刷、口杯等个人专用物品。

（7）患上感冒时应戴口罩，与他人分开就餐。

4．教师应利用墙报、广播、讲座、呼吸道传染病的预防知识宣传教育，提高其防病意识。以健康教育课和主题会等多种形式让幼儿及家长了解流感的预防知识。

5．落实晨检制度，教师每天早上应逐一检查幼儿的健康状况，如有发热的幼儿，应劝其及时就医。

6．教师应配合相关人员做好日常的预防性消毒工作，每日对幼儿使用的毛巾、餐具、桌椅、玩具等进行消毒。在流感流行期间，还应定期对园区进行消毒。

7．在流感流行期间，集体性活动要尽量在室外进行，避免全园性的室内集会。此时，幼儿的锻炼活动量要适宜，以免他们过度疲劳，教师还应劝告幼儿尽量不要到人群密集、通风不良的公共场所活动。

教师发现幼儿可能患上流行性感冒时，应该采取如下应急措施：

1. 隔离患病幼儿，防止其与其他小朋友接触。

2. 上报园长或园医，检查确认幼儿是否患上流行性感冒。

3. 确诊后，教师要让幼儿充分休息，并通知家长。如果幼儿出现发热持续不退，或者发生并发症，应及时送幼儿去医院诊治，以免发生意外。

68 突发阑尾炎，做到早发现、早治疗

阑尾炎俗称盲肠炎，是一种常见的急腹症。阑尾是靠近盲肠头部突出的蚯蚓般的盲管，位于右下腹部，阑尾炎也就是阑尾由于种种原因产生了炎症，进而发生腹痛、发烧等症状。

急性阑尾炎是小儿急腹症中最常见的疾病，死亡率为 2%～3%，较成年人高 10 倍。轻者阑尾充血水肿，重者阑尾化脓、坏死，甚至可穿孔引起腹膜炎。多见于 5 岁以上的幼儿，3 岁以下幼儿少见。

阑尾炎的发病和季节有关，初春上呼吸道感染多的时期和夏季胃肠炎多发的时期阑尾炎的发病率较高。

引起幼儿急性阑尾炎的原因主要有阑尾腔梗阻、细菌感染、血流障碍及神经反射等。

1. 受凉、腹泻、胃肠道功能紊乱等引起肠道内细菌侵入阑尾。

2. 上呼吸道感染、扁桃腺炎等使阑尾壁反应性肥厚、血流受阻，也是阑尾炎的诱因。

3. 阑尾腔被粪石、异物或寄生虫堵塞，阑尾腔内容物引流不畅、细菌繁殖，这也是引发急性阑尾炎的较常见原因；阑尾腔如长时间被阻塞就会引起阑尾本身的血液循环障碍，导致组织缺血，从而引发阑尾坏死穿孔。

阑尾炎有腹痛、呕吐和发热三大症状，但每个患儿的具体表现各不相同。

1. 腹部疼痛是最常见的症状。阑尾炎腹痛的特点是转移性腹痛，即开始时在上腹部脐周围痛，经几小时或半天左右腹痛转移到右下腹部。多呈持续性疼痛，可有阵发性加重。患儿常屈右腿侧躺，不敢直腰走路，以阵发哭闹来表达腹痛，有些患儿常卧床不敢动或呻吟拒食。

右下腹部压痛是阑尾炎可靠的体征。幼儿盲肠位置高、活动性大，其压痛点偏内上方，还伴有肌肉紧张等特征。

2. 幼儿阑尾炎早期往往不发热，只是在炎症较为明显时才有 38℃ 左右的发热，但当阑尾穿孔引起腹膜炎时，可出现 39℃ 以上的高热。

3. 消化道炎症明显而突出。呕吐为首先发生症状，呕吐程度较重，持续时间也长，可因大量呕吐不能进食而脱水和酸中毒。有时可出现腹泻，为肠道炎症刺激肠蠕动过快所致，大便秘结者少见。

4. 上呼吸道感染。幼儿上呼吸道感染的发病率较高，这可能是急性阑尾炎的发病诱因。因此，幼儿常先有上呼吸道疾病，再有急性阑尾炎的临床表现。

为了尽量避免幼儿患上阑尾炎，教师可以从以下几个方面来预防：

1. 增强幼儿的体质。日常教育活动中，教师可举办各种活动，让幼儿积极参与锻炼，增强体质，提高免疫能力，以预防各种疾病的发生。

2. 引导幼儿养成健康的饮食习惯，如不要暴饮暴食。日常饮食注意不要过于肥腻，少吃刺激性食物。

3. 饭后不要让幼儿马上进行蹦跳、奔跑等剧烈运动。盛夏酷暑切忌贪凉过度，尤其不宜让幼儿大吃冷饮。

4. 如果幼儿肠道有寄生虫，应及时就诊。

5. 保持幼儿园环境和公共设施的清洁。

4 岁以下幼儿患急性阑尾炎，病情发展快，可在 12 小时内发生穿孔。小儿外科专家称，一旦幼儿被确诊为急性阑尾炎，应该及早进行手术切除阑尾，延误治疗会对患儿造成严重危害。所以一旦有幼儿有腹痛、呕吐和发热等症状，教师应该采取以下应急措实施，尽快查明幼儿是否患有阑尾炎，以做到早发现、早治疗。

1. 凡是幼儿有体温升高、腹痛加重的症状时，教师要及时通知园医。

2. 腹痛是阑尾炎最典型的特征，一旦有幼儿腹痛，教师要仔细观察幼儿腹痛的具体部位，以确定其原因。

3. 在幼儿完全放松的情况下，查看幼儿的腹肌是否有紧张感；看幼儿是否愿意活动右侧下肢；观察幼儿行走时，是否有步伐不稳、跛行等异常表现。

4. 疑为幼儿患有阑尾炎的，未经医生确诊前，暂时不要让幼儿吃东西或饮水。这样一方面能减轻幼儿胃肠道的负担，另一方面也能为需要手术的患儿做好准备，以减少手术时的呕吐。

5. 及时通知家长，经家长同意后立即送医。

69 患癫痫，避免幼儿窒息

癫痫是由大脑神经元突发性异常放电而引发短暂大脑功能障碍的慢性疾病。癫痫发作是指脑神经元异常和过度超同步化放电所造成的临床现象，具有突然性和一过性的特点，因异常放电的神经元在大脑中的部位不同而会有多样化的表现。

大部分癫痫最早的表现是身体的局部"小动作"，而不是传统观念所认为的倒地、抽搐、身体僵直、口吐白沫等"全身抽风"症状，所以很容易被忽视。

幼儿癫痫发作时，通常会做一些短暂且反复的小动作，比如莫名其妙地哭或笑，无缘无故地点头、挤眼和转头等，而成年人往往以为那是幼儿在"做鬼脸"；有的患儿即便在平坦的道路上行走也会突然摔跤，或吃饭时突然碗掉到地上；有的幼儿则会出现短暂的失神表现，做某件事情时突然停止，双眼呆滞、叫之不应，但很快会恢复正常。

虽然癫痫的表现十分复杂多样，但却都具有反复性、短暂性和刻板性等典型行为特点。所以，教师要多留意发过癫痫或家有癫痫病史的幼儿的动作，如果多次一过性出现相同的、莫名其妙的小动作，就可初步判断是癫痫发作。

教师虽然不是医生，但掌握一些基本的医学知识对保护幼儿的安全还是有相当帮助的，而且癫痫一旦发作，情况就比较严重。因此，教师应在平时多学一些基本的医学知识，以免幼儿病情突发时不知所措、无从下手，以致延误病情，或惊吓到其他幼儿。

1. 教师首先应对癫痫有一个基本的认识，能够识别癫痫发作的征兆，只有这样才能有效采取措施。

通常，癫痫发作会有如下表现：突然尖叫，似羊叫，神志丧失；全身抽动，面色青紫，瞳孔散大，口吐白沫；舌唇常被咬破，有小便失禁等表现；每次发作历时数分钟，发作停止后常昏睡数十分钟，醒来后对发作过程毫无印象；少数患者还有可能持续几个甚至十几个小时，神志始终不清醒，伴有高烧和脱水症状。

看到幼儿有类似的反应时，教师可以初步判断是癫痫发作，

2. 教师应该懂得一些基本的护理知识，以免采取的措施不当而延误治疗时机或加重患儿病情。例如，不能限制发作，即患儿抽搐时，教师不能用力按压或屈曲其身体。注意要用软垫子保护患儿的头部，要等患儿完全恢复正常后再离开，不要让患儿在完全恢复前进食，不要唤醒幼儿等。

教师首先要镇定，同时请求其他教师把本班的其他幼儿带出室外并加以安抚，然后按照以下方法给患病的幼儿进行紧急护理：

1. 发现幼儿有癫痫发作征兆，教师应做好心理准备，同时告知其他幼儿或周围人不要害怕、不要围观，要给患病的幼儿一个较大的空间，如果有条件、有时间，可将幼儿扶至床上，来不及的话就顺势使其躺倒，以防止其意识突然丧失而跌伤，然后迅速移开周围的硬物、锐器。

教师应密切观察幼儿的发病时间、每次发作持续的时间（包括意识丧失时间、抽搐时间），注意观察抽搐是局部性的还是全身性的，是否伴有意识丧失及两目上视、大小便失禁等症状，这些信息对医生进行诊断

有一定的帮助。

对于发作时情绪激动、失控，可能发生伤人、毁物等过激行为的患儿，教师应立即采取紧急控制措施，严格限制其行为，以免造成严重后果。对于因颠痫发作失神的患儿，教师不要以为幼儿是漫不经心、不认真而责备他，因为有时癫痫发作只表现为患儿突然停止原来的活动，双目直视、呼之不应，或手中拿的东西突然掉在地上，这是病情发作而不是幼儿在故意捣乱或顽皮。

2. 当发现癫痫发作的征兆时，教师首先要保护好患儿的舌头，抢在发作前，赶紧找手帕等物品包裹一个比较硬的物体放在患儿上、下磨牙之间，以免其发作时咬伤舌头。如果发作前没能来得及放入，就等患儿强直期张口时再放入，但阵挛期不要强行放入，以免伤害到幼儿。

发作期间，教师要让患儿平卧，然后松开其衣领，将其头转向一侧，以便于其呼吸道分泌物及呕吐物顺利排出，而不至于流入气管引起呛咳、窒息。

癫痫发作时，患儿的呼吸道分泌物会比较多，容易造成呼吸道阻塞。此时教师不要往患儿口中塞任何东西，也不要灌药，以防止其窒息。

同时，教师要注意，患儿抽搐时不要采取掐人中的方法试图控制病情，因为抽搐是大脑过度放电所致，一旦发作就无法控制，只有等放电终止，抽搐才会停止。此外，也不要在患儿阵挛期通过按压其四肢制止抽搐，因为过度用力可能造成幼儿骨折和肌肉拉伤，进一步增加幼儿的痛苦。

3. 癫痫持续状态是一种急危重症，如果救治不及时可能会出现脑水肿、脑疝、呼吸循环衰竭而死亡的情况。教师一旦发现患儿进入癫痫持续状态，应立即通知园长、家长将其送往医院，或马上拨打 120 求助。

送医院后，教师要向医生详细报告幼儿的发病过程，以利于医生掌握病情，采取合理的救治措施。

4. 患儿恢复正常后，教师要对其他幼儿进行心理安抚，让幼儿感觉到幼儿园的温暖。

70 暴饮暴食，谨防肠胃炎

有些幼儿自控能力差，只要碰到喜欢的东西，就会不停地吃、喝，直到肚子再也装不下才肯罢休；而遇到不喜欢的东西，却连看都不看一眼，以至于平时总是饥一顿、饱一顿的。还有些幼儿一听说某顿饭有自己喜欢吃的，就提早做准备"节食"，在前几顿饭中不吃或少吃，准备把肚子"腾"出来，结果导致在饥饿过后的暴饮暴食。

暴饮暴食会打乱胃肠道对食物消化和吸收的正常节律。幼儿短时间内进食过多的食物，会使胃部负担突然增大，易引起消化不良、胃部不适、呕吐和腹泻等症状，甚至可能引发急性肠胃炎，危害幼儿本就不够强壮的身体。

尽管让幼儿控制对爱吃食物的食欲很难，但教师也应想办法帮助幼儿加以控制，以减少暴饮暴食的发生。那么，教师应该如何做呢？

1. 在平时幼儿的饮食过程中，教师可以多观察一下，看看幼儿是否这样：遇到喜欢吃的东西就使劲儿地吃，遇到不喜欢吃的东西时就只吃一点点或干脆不吃；不到肚子饿时就不吃，一旦饿了就猛吃；三餐饮食不规律，一顿吃得特别多，一顿吃得特别少……

如果幼儿有这些表现，教师就应注意多引导幼儿，培养他们养成良好的饮食习惯，避免暴饮暴食。

2. 教师应注意使幼儿养成饮食均衡的好习惯，定时定量，每日三餐保证幼儿营养的摄入量。每顿饭应合理均衡地安排一些幼儿爱吃的食物，切忌集中放在某一餐里让幼儿尽情享用。另外，如果发现幼儿过度饥饿，教师应主动安排为幼儿临时加餐，因为过度的饥饿感往往会诱使幼儿猛吃，造成暴饮暴食。

3. 幼儿的自控能力相对较差，见到自己喜欢的食物便想多吃，还有一些幼儿因模仿成人养成坏习惯而暴饮暴食。对此，教师应引导幼儿，加强他们的自控能力。例如，教师可以通过教学让幼儿了解人的进食和消化过程，明白人为什么要吃东西以及吃多了有何害处，从而引起幼儿对暴饮暴食的警惕。

若幼儿暴饮暴食，教师应给其吃一点助消化的药，如江中健胃消食片等。教师可带领幼儿做一些简单轻柔的运动，比如慢走、散步，促进其胃肠道的蠕动，帮助消化，而不能让其坐着、躺着。教师可用山楂煎水喂幼儿服用，也可以让幼儿适量吃点山楂饼。

由于暴饮暴食会使幼儿的消化器官承受过重负荷，因此，教师要在后面几天减少对肠胃刺激过重的食物，增加一些便于消化和养胃的食物。

71 幼儿噎食，轻拍幼儿后背

噎食是指食物堵塞咽喉部或卡在食道的狭窄处，甚至误入气管，阻塞气道，引起呼吸窒息。3~4 岁的幼儿最容易发生异物阻塞呼吸道的情况，这主要是因为这个年龄段的幼儿白齿尚未萌出，咀嚼能力差，咽喉保护性、防御反射功能都不强。幼儿在进食或玩耍时，口中含有瓜子、花生米、果冻或其他异物时，突然大哭或者咳嗽后大口吸气，极易将异物吸入气管，阻塞气道。如果不及时救治，会发生窒息的危险。因此，教师应多了解些噎食方面的常识，以备不时之需。

要预防噎食，教师应根据幼儿的年龄或实际情况提供适当的食物。

1. 改变某些食物的质地和大小，如将肉切碎、剁碎、撕碎或切成片，水果可以捣碎或切成小片。

2. 避免幼儿食用一些难以嚼咽的食物，如坚果、硬糖、鱼丸和爆米花等。

3. 让幼儿坐下进食，因为幼儿在运动或跑动时噎食的危险要大得多。

4. 为幼儿进食营造安静的环境。太急躁、太激动或大笑都会使幼儿将食物吸入气管。

概括来说，预防幼儿噎食就是要做到"四宜"：食物宜软、进食宜慢、心宜平静、食宜适量。

幼儿一旦发生噎食，教师可采取以下急救方法：

1. 如果孩子仍保持清醒，教师可采取坐位或站位，在孩子背后，双臂环抱孩子，单手握拳，使拇指关节突出点顶住孩子的腹部下正中线脐上部位，另一只手的手掌压在拳头上，连续快速向内、向上推压冲击6～10次（注意不要伤及幼儿肋骨，噎食严重者可仰卧）。

2. 教师按上述方法冲击幼儿脐上部位，这样冲击上腹部可使胸腔压力迅速增大，肺内空气被迫排出，使阻塞气管的食物上移，并被驱出。如果没有效果，可以隔几秒钟重复一次，造成人为咳嗽，将阻塞食物冲出气道。如果还无效果，就要急送医院处理，同时通知家长。

72 发烧时，要不断补充体内的水分

发烧是指幼儿体温的异常升高现象。幼儿的正常基础体温应为36.9～37.5℃，超过37.5℃才可能是发烧。

若发现幼儿发烧，教师应先弄清幼儿是病理性发烧还是生理性发烧，再作处理。

幼儿生理性体温升高的原因是：

1. 穿得过多、盖得太厚都会使体温有所升高。只要将这些因素排除，幼儿的体温就会恢复正常。

2. 剧烈活动、精神紧张、情绪激动、进食、排便等，都可使其体温暂时升高。

发烧是幼儿最常见、最易发生的疾病。教师一般可通过以下几步来确定幼儿是否发烧：

1. 摸摸幼儿的手和颈后部，即可知道幼儿的体温是否正常，更重要的是可以了解幼儿的衣着是否合适，穿得过多或过少都不利于幼儿身

体的舒适度。了解了幼儿的正常体温，一旦幼儿发烧，教师就马上能"摸"出来。用手大致感觉出幼儿的体温异常后，教师这时可和幼儿碰碰额头，如果明显感觉幼儿的额头较热，那么基本可确定幼儿发烧了。

2. 如果幼儿脸部潮红、嘴唇干热、哭闹不安，或者没有食欲，幼儿很可能发烧了。幼儿发烧时，身体的水分消耗较大，所以小便尿量比平时少，且小便发黄、颜色较深。

3. 通常用肛表测量幼儿的直肠温度得到的结果较准确，也可测量幼儿的腋下或颈部。测出的直肠温度减去 0.5℃，腋下和颈部温度加 0.5℃，得出的度数便是幼儿的现时体温数。测量幼儿体温最好不要用口表，以免幼儿不小心吞咽或啃咬而发生意外。

用体温计测量幼儿体温时，应注意以下三点：

（1）使用体温计前，应将水银柱甩至 35℃ 以下，如此测量到的体温才准确。

（2）测量时间应足够，腋温一般应持续 5 分钟以上。

（3）幼儿洗澡、饮食、运动后，不可立即量体温，半小时后才能测量。

如果幼儿的体温暂时波动且波动幅度不大，精神状态良好，可能只是生理现象，并非发烧，教师密切观察即可，不必急于采取降温措施。

1. 传统的观念是幼儿发烧时，就要用衣服和被子把幼儿裹得严严实实，把汗"逼"出来，其实这是不对的。幼儿在发烧时，常会出现发抖的症状，一些教师会以为幼儿冷，其实这是体温上升导致的痉挛。幼儿在发烧时，要少给其穿衣服，以利于散热。

2. 用物理方法帮幼儿降温：

其一，头部冷湿敷。教师可用 20～30℃ 的冷水浸湿软毛巾后，稍挤压使毛巾不滴水，折好后置于幼儿前额，每 3～5 分钟更换一次。

其二，头部冰枕。教师可将小冰块及少量水装入冰袋至半满，排出袋内空气，压紧袋口，无漏水后放置于幼儿的枕部。

其三，温水擦拭。教师可用温湿毛巾擦拭幼儿的头部、腋下和四肢。

用温湿毛巾多擦洗幼儿的皮肤，可促进幼儿体表散热。

其四，酒精擦拭。酒精擦拭适用于高烧降温。教师可准备 20％～35％的酒精 200～300 毫升，擦浴幼儿的四肢和背部，以加快散热。

3. 教师应为幼儿补充充足的水分，而不要随便给幼儿吃药。幼儿发烧时呼吸会加快，出汗会使幼儿机体丧失大量水分，所以教师应提供充足的水分，增加幼儿的排尿量，促使幼儿体内毒素的排出。

教师在采取以上措施后，应及时联系家长，将幼儿的情况告知家长。如果幼儿仍高烧不退，教师应在及时联系家长的情况下，将幼儿送往医院进行救治，切不可疏忽大意。

73　患病毒性肝炎，要及时隔离

病毒性肝炎是由肝炎病毒引起的传染病，主要症状为乏力、食欲不振、肝功能异常，部分病人可有发热及黄疸等症状，若病程迁延或反复易发展成为慢性肝炎，少数患者发展成为重症肝炎。

由于免疫功能及肝脏的解剖和生理特点不同，幼儿病毒性肝炎的临床症状与成人有明显不同。幼儿病毒性肝炎是一种常见传染病，以甲型肝炎为多，乙型肝炎次之。甲型肝炎一年四季均可发病，秋、冬季发病率最高；乙型肝炎发病无明显季节性。

幼儿易患的病毒性肝炎按病程和病情演变情况可分为以下几种：

1. 幼儿肝炎多为急性黄疸型，一般起病较急，比成人更易被误诊

（1）黄疸前期：前期一般为 2～8 天不等，其特点为：①发热者占67％，体温 38～39 摄氏度者约占 50％，持续 1～3 天，少数长达 1 周；②常伴有鼻塞、流涕和咳嗽等症状，很容易被误诊为上呼吸道感染；③消化道症状不如成人明显，常伴有腹泻；④常伴有腹痛，易被误诊为肠痉挛或肠蛔虫症。

（2）黄疸期：体温下降，皮肤、巩膜出现黄染，浓茶样尿先于皮肤、巩膜黄染 3～5 天。小便的变化是需注意的主要症状之一。若小便颜色变

浅或灰白，说明消化道症状减轻。90％以上的病例出现肝脏增大症状，年龄越小，增大越明显，这是与成人急性肝炎的主要区别之一。部分患儿有一过性脾肿大。部分患儿可见肝掌、蜘蛛痣和毛细血管扩张的体征，这是由于幼儿肝脏功能还不完善，肝脏的分解、合成、贮存和解毒功能较成人差，因此当肝功能受损时，表现明显。

（3）恢复期：这个时期黄疸消退，消化道症状消失比成人快，一般需要 4 周左右。

2. 幼儿慢性肝炎大多为乙型肝炎，其次为丙型肝炎

（1）慢性迁延性肝炎：一般无特殊不适，症状轻微，肝脏轻度增大，肝功能轻度或间断异常，临床上很难与慢性活动型肝炎相区别。

（2）慢性活动型肝炎：

①症状轻微，不易引起注意，体检时发现肝胆肿大。

②部分患儿面色没有光泽，时感腹胀，食欲差，不喜运动或感到疲倦，可表现为肝掌、蜘蛛痣、毛细血管扩张、肝脏增大，丙氨酸转氨酶（ALT）升高呈持续性或反复发生黄疸。

③部分患儿脾肿大，出现腹水、双下肢浮肿症状。

3. 重症肝炎

（1）急性重症

主要表现为骤起高热，来势快，黄疸出现后迅速加深，肝脏缩小，伴有明显肝臭，肝功能显著减退。常有出血或出血倾向，腹水，下肢浮肿，并可出现烦躁不安、谵妄、狂躁等精神症状，随后进入肝昏迷状态，抢救不及时可导致死亡。

（2）亚急性重症

发病初期类似肝炎，经 2～3 周后病情不见减轻，反而逐渐加重，常有乏力、厌食症状，严重的有腹胀、尿少、重度黄疸、明显的出血倾向和腹水等症状，晚期可出现中枢神经系统症状，甚至昏迷。多于发病后 2～12 周死亡，一部分患者可发展为坏死后肝硬化。

病毒性肝炎在幼儿园、托儿所的发病率很高，因此幼儿教师必须高度警惕，勤检查，勤消毒，以降低幼儿患病的几率。

为了预防幼儿得肝炎，教师应采取以下措施：

1. 让幼儿做到饭前、便后用流水洗手，不共用水杯、食具、毛巾、脸盆和牙刷等生活用品。

2. 每天对教室桌椅、地面等进行严格消毒。

3. 消灭苍蝇、蚊子、蟑螂、臭虫等。

4. 对幼儿进行疫苗接种，只有这样，才能确保幼儿摆脱肝炎的危害。

教师如果发现班里有肝炎患儿，在隔离患儿的同时，要密切观注接触过患儿的其他幼儿。然后，进行 42 天的检疫，因为染上肝炎后并不立即发病，一般要经过 14～42 天的潜伏期才开始出现症状，这段时间应每天观察孩子的精神状况、食欲和大小便。发现有可疑者，应随时进行隔离（但不能同肝炎患儿在一起生活），直到医生确定不是肝炎后才能让他和健康幼儿在一起生活。

教师还要对患儿用过的食具、水杯、脸盆、毛巾和桌椅等物品进行消毒，食具、水杯可先用含氯消毒剂浸泡，再煮沸 30 分钟。衣服、被褥在日光下曝晒 4～6 小时，并注意勤翻晒。房间墙壁、地面和桌椅表面可用含氯消毒剂擦拭。

教师由于触摸了患儿，须用流动水和肥皂反复冲洗双手，并应择期到医院查肝功能。

74　患疝气，立即送往医院救治

疝气是常见病，是人体组织和器官由其正常解剖部位通过某些正常的或不正常的孔隙或缺损等薄弱区域，进入邻近部位的情况。

小儿疝气即小儿腹股沟疝气，俗称"脱肠"，在腹股沟处会有一突起块状肿物，有时会延伸至阴囊或阴唇部位；在平躺或用手按压时会自行消失，是小儿普通外科手术中最常见的疾病。

但并非所有的疝块都可以返纳腹腔，当脱入疝囊的小肠过多或时间过长，随着疝囊的颈部紧缩，使其不能回纳，就形成了嵌疝。一旦被嵌顿的小肠等脏器的血液供应受影响，使该组织水肿，患儿便会因疼痛而哭闹不止，并因肠道梗阻而伴有呕吐、腹胀症状，此时应立即将患儿送至医院急诊，否则就可能导致肠穿孔，患儿甚至有生命危险。

幼儿患疝气的几率比较高，且男孩的疝气发生率要远远高于女孩。因此，教师切不可掉以轻心，要及早进行预防。对患疝气的幼儿，也要采取适当的措施，促其恢复，防止复发。

小儿疝气发生原因有两个：

一是腹壁强度降低，在正常情况下，腹壁的肌肉、筋膜等组织存在一些相对薄弱区，尤其是幼儿，其肌肉及筋膜张力不强，腹股沟管、直疝三角区是疝气易发部位。

二是腹腔内压力增高，在腹壁强度不足的情况下，腹内压力增高即成为腹外疝的发病诱因。幼儿经常啼哭及一些先天性疾病如腹水、腹腔内肿瘤等也是发病诱因。

当幼儿有如下表现时，教师应高度重视：

不明原因的哭闹不止；剧烈呕吐，高烧；便血。这都表明幼儿可能患上了疝气，此时教师可让幼儿站立或吹气球，模拟腹压增加的状态，如在腹股沟处看到鼓起肿块，则证明可能有疝气。若幼儿无法配合，可让其平卧，故意让幼儿哭泣或全身用力，再仔细触摸阴囊或腹股沟区域，若有疝气囊存在，会有丝质手套相互摩擦的触感。

幼儿教师要懂得一些小儿疝气预防措施：

1. 要经常观察孩子的腹股沟部或阴囊是否肿胀，或是否存在时隐时现的块状物，遇有疑问应及时请教医生。

2. 不要将幼儿的腹部勒得太紧，以免加重腹内压力。

3. 让幼儿吃些易消化和含纤维素多的食品，以保持大便通畅。幼儿大便干燥时，应采取通便措施，不要让幼儿排泄时过于用力。

4. 尽量避免让幼儿大声咳嗽，让因病咳嗽的幼儿在医生指导下适当吃些止咳药。要避免幼儿长时间地大声啼哭，以防止其腹压升高。

5. 适度安排幼儿锻炼，以增强其身体素质。

在疝气发生早期，局部压痛并不明显，这是因为尚未形成绞窄，这时教师可试行复位。

1. 让幼儿平躺，头低脚高。嘱咐幼儿尽可能放松、深呼吸。

2. 用热毛巾敷于疝块处。

3. 右手托起阴囊，持续缓慢地将疝块推向腹腔。

如果有幼儿因为疝气做手术时，幼儿教师要注意以下事项：

1. 应多为幼儿选择清润又不过于寒凉的食物，如菠菜、土豆、胡萝卜、西红柿、木耳、藕、青鱼、鲢鱼、苹果、葡萄、桃子等。

2. 多让幼儿吃高纤维食物，如五谷、未加工的水果和蔬菜等。

3. 暂时不宜恢复期患儿吃的食物主要有白菜、黄豆芽、白萝卜和青萝卜等蔬菜，橙子、雪梨等水果，薯片、虾条等煎炸食品，绿豆、朱古力等也不宜吃。

4. 少让幼儿吃易引起便秘及腹内胀气的食物，尤其是煮食的鸡蛋、红薯、花生、豆类和碳酸饮料等。

5. 应让幼儿保持安静，限制其做剧烈的活动，以防手术伤口崩裂。

75　加强对麻疹的预防，切断传染源

麻疹俗称疹子、痧子，是由麻疹病毒引起的急性呼吸道传染病，儿童是麻疹的多发群体，春季是麻疹高发季节。麻疹的症状相当典型。免疫力差的幼儿，接触麻疹患者后，约一周左右开始发病，先有高热，一般持续在 40℃ 以上，高热不退，畏光，伴有流泪、咳嗽及打喷嚏等类似感冒的症状。高热三天后，在口腔内侧的黏膜上可见麻疹黏膜瘢，这是麻疹最早、最可靠的特征。黏膜瘢出现后的第二天，身上便开始出现皮疹，起初是分散的细小呈淡红色的斑丘疹，之后逐渐增多而呈鲜红色。

先在耳后发际，渐渐蔓延到面部、颈部、躯干、四肢，最后到手掌、脚底。部分患儿可出现精神萎靡、咳嗽加剧、双眼红肿、声音嘶哑等症状。

皮疹出齐后，病情会逐渐好转。幼儿得了麻疹后抵抗力会急剧下降，因此十分容易引起各种并发症。肺炎是麻疹常见的合并症，如患儿咳嗽加剧、发热不退、呼吸急促、面色青紫，表明并发肺炎。

此外，麻疹病毒的传染力极强，特别在幼儿园中，病毒一经散播，可使周围没患过麻疹的 90％幼儿染病。因此，教师要加强对麻疹的预防，切断传染源，防止传播。

由于麻疹是幼儿高发疾病，因此，预防工作非常重要。

1. 应每天记录幼儿的体温及身体状况。

2. 应加强晨检工作，做到"看、摸、查、问、记"，一旦发现可疑患儿，要及时送诊或隔离；对患儿所用的物品要立即进行消毒处理。

3. 应每日对活动室和休息室进行通风和紫外线消毒。

4. 应每日对玩具、幼儿个人卫生用具（口杯、毛巾等）和餐具等物品用消毒液消毒。

5. 应每日清理垃圾，室内垃圾不过夜。

6. 每日用消毒液对拖布、抹布等进行消毒。

7. 每日幼儿离园后，应用消毒液喷洒教室地面、口杯架及其他幼儿经常触摸的部位。

8. 应增加幼儿的户外活动量。麻疹病毒害怕阳光的照射，在常温下半小时即可死亡，因此让幼儿多参加户外活动、适当晒太阳有助于抑制此病的发生，减少幼儿被感染的几率。当教师发现幼儿皮肤上有红色豆状物时，应先将他隔离，用湿毛巾敷其额头，以适当降温。之后交给园医检查，如果确定是麻疹，应马上通知家长，并将患儿送往医院。

教师接触患儿后，需在户外逗留 20 分钟，以防传染他人。麻疹患儿的衣服、被褥和玩具等用品要在室外晒 1～2 小时，以达到消毒的目的。对于班里的其他幼儿，也应由园医进行检查，看是否受到了感染。

76 幼儿患手足口病，要注意隔离

手足口病也称手足口综合征，是由肠道病毒引起的发疹性传染病。手足口病无季节性，但夏、秋季相对多发。手足口病病毒的主要攻击对象是 5 岁以下的幼儿，尤其以 1～2 岁婴幼儿为主。

手足口病在发病前一般没有明显的症状，多数患儿会突然生病，发热在 38℃ 左右，有些患儿伴有咳嗽、流鼻涕等感冒症状。手掌或脚掌部出现斑丘疹和疱疹，膝盖、臀部和肛周等处也可出现皮疹，皮疹周围有炎性红晕，疱内液体较少；口腔黏膜出现散状疱疹。部分患儿伴有食欲不振、恶心、呕吐和头疼等症状。有的患儿不发热，只表现为手、足、臀部皮疹或疱疹性咽炎，病情较轻。

大多数患儿在一周以内体温下降、皮疹消退，基本恢复，但有的患儿可能会发生脑膜炎、脑炎、心肌炎和肺炎等重症。极少数幼儿患手足口病后会伴有较为严重的合并症，个别重症患儿病情发展快，甚至死亡。

手足口病的传染性很强，其病毒主要通过口腔进入肠道，传染媒介有食物、水、唾液、空气和玩具等。幼儿喜欢吮吸手指，喜欢与其他小朋友亲密接触，因此在幼儿密集的托幼机构必须严加防范手足口病的发生和传染。

手足口病传播的途径比较多，为预防手足口病，教师应采取以下措施：

1. 夏、秋季节，教室和宿舍等场所要保持良好通风。

2. 每天要对玩具、幼儿个人卫生用具、餐具等物品进行清洗消毒。

3. 教师每天要对门把手、楼梯扶手和桌面等物体表面进行擦拭消毒。

4. 每日进行晨检，发现可疑患儿时，要及时送诊，对患儿所用的物品立即进行消毒处理。

5. 引导幼儿掌握正确洗手的方法。

（1）湿：在水龙头下把手淋湿，擦上肥皂或洗手液。

（2）搓：①掌心相对，手指并拢相互摩擦；

②手心对手背沿指缝相互搓擦，交换进行；

③掌心相对，双手交叉沿指缝相互摩擦；

④一手握另一手大拇指旋转搓擦，交换进行；

⑤弯曲各手指关节，在另一手掌心碰转搓擦，交换进行；

⑥搓洗手腕，交换进行。

每种方式搓揉 20 秒。

（3）冲：用清水把手冲洗干净。

（4）净：用清水将水龙头冲洗干净，再关闭水龙头。

（5）擦：用干净的毛巾、纸巾擦干或用烘干机烘干手。

6. 促使孩子养成饭前便后勤洗手、不喝生水、不吃生冷和不净食物的习惯。

7. 应让幼儿少吃油腻和难消化的食物，以免其肠胃疲劳。一旦胃肠黏膜屏障功能减弱，肠道病毒就会有机可乘，所以应让孩子多吃些蔬菜、水果以及清淡的食物。

手足口病目前还没有疫苗，但只要做好以上几点，手足口病是完全可防的。

教师发现幼儿出现手足口病的症状时，不必惊慌，首先要将孩子隔离，以免引起扩散。要立即上报园长，让园医对孩子进行检查，一旦确诊是手足口病，必须第一时间通知家长，尽快带孩子到医院就诊。对其他幼儿也要密切观察，早发现、早治疗。

此外，对患儿用过的物品，如玩具、毛巾、杯具、被褥和桌椅等要进行彻底消毒，可用含氯的消毒液浸泡，不宜浸泡的物品可放在日光下曝晒。同时做好卫生间、活动室等的消毒处理工作。还要保持活动室和寝室等场所的通风换气。如果保育员、教师有发热伴皮疹的症状，应立即暂停工作，以防传染幼儿。

77　患细菌性痢疾，立即送往医院救治

细菌性痢疾是由痢疾杆菌引起的肠道传染病，其潜伏期长短不一，通常情况下是 2～3 天，短的仅数小时，长的可达 8 天。

细菌性痢疾可分为 4 种，症状表现也有差异。

1. 普通型痢疾，典型特征是起病急，发烧，体温能达 39℃ 或更高。大便次数增多，每天 10～30 次。粪便中有黏液及脓血。幼儿往往有恶心、呕吐及阵发性的腹痛等反应。发病后，患儿全身无力，食欲减退，便后仍有便意。

2. 轻型痢疾，轻型细菌性痢疾由于表现得不明显，常常会被认为是肠炎而被忽视。患儿常常并不发烧或只有低热，可有轻度的腹泻，便中有少量脓血。因此，当孩子出现这些情况后不要大意，要上医院通过化验诊断。

3. 重型痢疾，重型细菌性痢疾患儿每天大便次数可达 30 次，便中有脓血，偶尔排出大片伪膜，会有剧烈的腹痛、呕吐甚至还会出现酸中毒及重度脱水症状。

4. 中毒型痢疾，中毒型细菌性痢疾发病急骤，病情严重。患儿常发高烧，体温可达 41 摄氏度。有时患儿还未出现腹泻等症状，就已经休克、昏迷了。

在这四种细菌性痢疾中，幼儿最易患的是中毒型痢疾，它发病急、病情重，教师一定要特别小心。

细菌性痢疾是肠道传染病，因此防止"病从口入"是关键。要教育孩子饭前便后勤洗手、勤剪指甲，不让孩子吸吮手指，让孩子养成良好的卫生习惯。另外，教师要搞好幼儿园的环境卫生，切断疾病的传播途径。

在夏、秋季节，幼儿很容易得痢疾，如果教师遇到幼儿突然高烧，

一时又找不到高热的原因，特别是孩子又有与菌痢患者的接触史，就要考虑其患中毒性痢疾的可能，这时教师应该立即送孩子去医院诊断。

另外，患儿所用过的食具都要煮沸消毒，所盖过的被褥应在太阳下曝晒，所接触的东西，如门把手、桌椅、玩具等要用5％的来苏水擦洗。

78 幼儿患上呼吸道感染，应隔离

上呼吸道感染是对发生在自鼻腔至喉部之间的急性炎症的总称，是最常见的感染性疾病。该病90％左右的病例由病毒引起，细菌感染常继发于病毒感染之后。该病一年四季、任何年龄阶段均可能发病，一般通过含有病毒的飞沫、雾滴，或受污染的用具进行传播。常发生于机体抵抗力降低如受寒、劳累、淋雨等时，原已存在或由外界侵入的病毒或细菌，会迅速生长繁殖，导致感染。该病常继发支气管炎、肺炎以及副鼻窦炎，少数人可并发急性心肌炎、肾炎、风湿热等。

幼儿患上呼吸道感染常有以下症状：

1. 轻症，只有鼻部症状，如流清鼻涕、鼻塞和喷嚏等，也会伴有流泪、微咳或咽部不适，可在3～4天内自然痊愈。如果感染，则会涉及幼儿鼻咽部，常有发热、咽痛、扁桃体炎及咽后壁淋巴组织充血和增生等症状，有时淋巴结会略肿大。发热可持续2～3日至1周。有的幼儿还会出现呕吐及腹泻。

2. 重症，幼儿体温可达39～40摄氏度或更高，伴有冷感、头痛、全身无力、食欲锐减和睡眠不安等症状，不久即咽部微红，发生疱疹和溃疡，称疱疹性咽炎。有时红肿明显，波及扁桃体，出现滤泡性脓性渗出物，咽痛和全身症状均加重，鼻咽分泌物从稀薄变成黏稠，颌下淋巴结显著肿大，压痛也明显。如果炎症波及鼻窦、中耳或气管，则会出现其他症状，全身症状也较严重。

较严重的症状中，教师要注意幼儿出现的高热惊厥和急性腹痛，并与其他疾病作鉴别诊断。急性上呼吸道感染所致的高热惊厥大多见于幼儿，发病后 1～2 日连续几次。急性腹痛有时很剧烈，多在脐部周围，无压痛，往往在早期出现，大多为暂时性的，可能与肠蠕动亢进有关，但也可能持续存在，有时与阑尾炎的症状相仿，多因并发急性肠系膜淋巴结炎所致。

3. 急性扁桃体炎，这是急性咽炎的一部分。如果是由病毒所导致的，则在幼儿扁桃体表面可见白色斑点状渗出物，同时软腭及咽后壁可见小溃疡，双侧颊黏膜充血伴散状出血点，但黏膜表现光滑。如果是由链球菌引起的，发病时幼儿全身症状较多，有高热、冷感、呕吐、头痛和腹痛等，后咽痛或轻或重，吞咽困难，扁桃体大多呈弥漫性红肿，或同时出现滤泡性脓性渗出物。如果不及时治疗，幼儿容易出现鼻窦炎、中耳炎及淋巴结炎等并发症。

教师防止幼儿患上呼吸道感染的有效方法主要有以下几种：

1. 组织幼儿积极锻炼。教师应积极开展户外活动和体育运动来锻炼幼儿体格，并让他们持之以恒地进行，这样能有效增强幼儿体质，提高对传染性疾病的抵抗力。

2. 衣服穿得过多或过少、室温过高或过低、天气骤变、环境污染和被动吸烟等，都是上呼吸道感染的发病诱因，教师应注意防范。

3. 避免交叉感染，接触病儿后教师要洗手，注意消毒；患者，不论是幼儿、教师还是家长都应避免与健康幼儿接触；还要注意房间的通风换气，并保持适宜的温度。

4. 教师可以准备相关药物来预防上呼吸道感染。某些药物能提高机体细胞及体液的免疫功能，反复上呼吸道感染幼儿服用后可减少复发次数。此外，百草琼浆益气贴等也可加强幼儿的肺部功能，提高他们的免疫力。

5. 建议幼儿家长带孩子去注射疫苗，以激发幼儿鼻腔和上呼吸道黏膜分泌型 IgA 抗体的产生，从而增强幼儿呼吸道对感染的防御能力。

教师若发现幼儿可能患上呼吸道感染，应该采取如下应急措施：

1. 隔离患病幼儿，避免造成更多的交叉感染。

2. 局部治疗。幼儿出现流鼻涕、鼻塞、打喷嚏、流眼泪等症状后，教师要选用柔软的纸为幼儿擦拭，而且动作要轻柔，否则，容易使幼儿的鼻子发红、疾痛，给幼儿造成不适。如果是鼻塞，教师可选用一些滴鼻剂，可起到通气、软化鼻痂的目的，使鼻痂易出来。

3. 如果幼儿有持续发热症状，教师应让其立刻休息，并通知家长，将幼儿送往医院治疗。

79 不要无视幼儿的自我伤害

自我伤害是指个体自己伤害自己身体的行为。幼儿在因情绪激动而自我伤害时，往往会做出诸如踩脚、打人、摔东西、自己抓咬自己的行为，甚至有的幼儿还会拿脑袋撞墙、撞桌子，用小刀划伤自己的手。家长感到非常焦虑和困惑，不明白为什么孩子要这样摧残自己。

调查显示，大多数自我伤害行为发生在幼儿承受心理压力较长时间或目的达不到不知如何发泄情绪之时。自我伤害的孩子并不是真的想伤害自己、让自己疼痛，而是因为一时之间找不到其他发泄不满、自我解压的途径。

因此，教师和家长对幼儿发生自我伤害的原因要认真分析，注意观察，及时采取有效的措施。

幼儿的自我伤害虽然有不可预料性、突发性，但是教师却可以通过关爱幼儿、教给幼儿宣泄不满情绪的方法等，做好预防。

1. 当幼儿急躁、有自我伤害的倾向时，教师不要让他急躁到伤害自己的程度，而应在发现他要抓、挠、撞自己时，马上去安抚他，带他去做他喜欢的事情，玩自己喜欢的积木、娃娃或小汽车等，转移他的注意力。幼儿的注意力是短暂的，很快就能将注意转移到自己喜欢的事情或玩具上去，这样，他们就不会做出自我伤害的举动了。

2. 在幼儿抓、咬自己时，教师要及时表示关心，让幼儿体会到教师是很爱他、很理解他的，同时替他揉揉、吹吹抓咬的地方，并说"瞧，抓红了吧！都快要出血了。老师会心疼的""不要抓了，抓多了会疼的"等贴心的话，让幼儿因感受到教师的爱而去爱惜自己的身体，从而停止自我伤害。

3. 教师可以教给幼儿一些发泄不良情绪的方法，比如捶打枕头、撕旧报纸、用笔乱画或大声唱歌等，把不良情绪引向身外之物或其他活动。

4. 平时，教师可以给幼儿讲一些故事，让他们从这些故事里懂得抓咬自己不好，有时还可以装作把自己的手、胳膊、头弄疼让幼儿看到自己痛苦的表情。教师还可以用其他幼儿摔疼了、碰着了的经历，让幼儿明白自己打自己、伤害自己是痛苦的、不可取的行为。

5. 教师可以告知幼儿一旦有自己解决不了，或让自己不高兴的事，比如够不着桌子上的糖罐、想要其他小朋友的玩具、好吃的零食掉到了桌子底下拿不出来、小朋友不跟自己玩等，可以找老师想办法，也可以和其他小朋友耐心商量，这就可以避免幼儿因情绪过度激动而采取激烈的自我伤害行为。

教师该如何面对幼儿的自我伤害，有效地引导幼儿避开或降低这种伤害带来的危害呢？

1. 看到幼儿自我伤害后，一些教师在制止幼儿的伤害行为后，有的会因过于担心幼儿而斥责他们的不当行为，有的会采取冷处理的方式，不再过问，而这两种处理方式都是不可取的，因为这样处理仍然无法了解幼儿采取自我伤害行为的真实原因。

教师应在思想上重视并认真对待，不可逃避不管，更不能因过于担心幼儿而斥责他们，或让他们自己去反省，而应及时安抚幼儿，倾听他们的心声，然后再寻找有效的对策。

2. 教师要想了解幼儿为何会伤害自己，最好的方式就是倾听，让幼儿把问题说出来，同时还要关注幼儿的那些没讲出来或讲不出来的问题。这就要求教师一定要耐心听幼儿讲话，哪怕他讲得颠三倒四、不知所云，都应让其随时把困扰和痛苦讲出来。

此外，教师还要做到"五不"原则，即不否定、不批评、不指责、不打断、不急切地去改变幼儿。这样，幼儿会比较愿意说出隐藏在内心的想法。如果幼儿觉得自己的想法能被教师接纳、理解，也就会比较愿意接受教师的引导了。

3. 如果幼儿不知道用语言也可以适度地宣泄情绪，不了解教师愿意与自己沟通而不会责备自己，他们就往往会把负面情绪压抑下来。久而久之，这些负面情绪就会像积蓄能量的火山，随时都有可能爆发。因此，长期压抑过多负面情绪的幼儿，要么表现出突如其来的火爆脾气或不当行为，要么通过自我伤害的方式来宣泄情绪。

学会和教师相处，让情绪有适当的出口，是使幼儿走出不良情绪的主要方法。在教育幼儿表达情绪时，教师不能总是让幼儿遵循"温良恭俭让"的原则，应该指导幼儿人性地表达和处理自己的情绪，特别是负面情绪。因为如果幼儿不会表达愤怒、委屈、不满之类的负面情绪，他们有困惑、有压力时就无法让成年人及时了解，也得不到成年人的帮助。因此，要想让幼儿有一个好的心理，教师应愿意倾听幼儿的心声，与幼儿加强沟通，并指导幼儿通过正确的方法宣泄压力，及时处理不良情绪，以轻松、喻快的心情去生活、玩乐。

80 幼儿患红眼病，避免交叉感染

红眼病在医学上称为急性结膜炎，是由细菌或病毒感染引起，主要通过接触传染，春、夏季极易流行，常在幼儿园、学校等集体内广泛传播，造成爆发流行。该病传染性极强，只要健康的眼睛接触了病人的眼屎或眼泪污染过的东西，如毛巾、手帕、脸盆、书、玩具，甚至是门把手、钱币、水龙头、游泳池的水等，就可能会受到传染，在几小时后或1～2天内发病。幼儿生性好动，教师如不注意预防，一个孩子得病可能会迅速蔓延至全班或整个幼儿园。

红眼病的主要临床症状是双眼先后发病，发病后眼部明显红赤、眼睑肿胀、发痒、怕光、流泪、眼屎多。有的病人结膜上会出现小出血点或出血斑，分泌物呈脓性黏液，有时在睑结膜表面形成一层灰白色假膜，角膜边缘可有灰白色浸润点，严重的伴有头痛、发热、疲劳、耳前淋巴结肿大等全身症状。由病毒感染的红眼病，症状更明显，表现为结膜大出血、前淋巴结肿大并有压痛，还会侵犯角膜而发生眼痛，视力稍有模糊，病情恢复较慢。

红眼病一般不影响视力，如果大量黏液脓性分泌物黏附在角膜表面，可有暂时性视物模糊或虹视（眼前有彩虹样光圈），一旦将分泌物擦去，视物即可清晰。如果细菌或病毒感染影响到角膜，则畏光、流泪、疼痛加重，视力也会有一定程度的下降。

因此，在日常管理中，教师应该细心观察幼儿，如有幼儿的眼睛发生以上症状，要及时做出相应处理。

防止幼儿患红眼病的有效方法主要有以下几种：

1. 晨检是预防红眼病进入幼儿园的屏障。教师应该协助园医加强幼儿晨检力度，严把入园关，细致观察每一位来园幼儿的身体状况和情绪表现，重点检查幼儿有无发烧和红眼现象，坚持做到早发现、早隔离、早治疗。

2. 预防红眼病和预防其他传染病一样，必须消灭传染源、切断传播途径、提高幼儿身体的抵抗力。

教师如果发现有幼儿患红眼病，要及时隔离该幼儿。为了切断红眼病的传播渠道，患儿所有用具应专用，且最好能洗净晒干后再用。对患儿的生活用具或幼儿园、浴池等公共场所的用品要进行消毒，以免造成红眼病的扩散。

3. 红眼病要以预防为主，如果发现班里的幼儿与患病的幼儿有接触，教师要及时协助幼儿洗手消毒，并预防性地使用相应眼药水。

带幼儿游泳，最好选择达到国家卫生标准的泳池。如果在不太卫生的游泳池游泳，可以滴1～2滴抗菌素眼药水。游泳前滴用，可以预防眼睛受到感染或刺激；游泳后滴用，可以迅速缓解或消除游泳引起的结膜充血及其他不适反应，同时也能起到清洁眼结膜的作用。但注意不要频繁地使用眼药水，否则会给幼儿带来一些不良的副作用。

4. 除了教师的重视，家长的配合也很重要。为了让家长了解红眼病，知道其危害，并懂得如何预防，教师可以通过幼儿园网站和短信，向家长宣传有关红眼病的相关知识，包括症状、治疗和预防等。红眼病的防治需要家园联手，教师负责幼儿在园时段的预防，家长负责幼儿在家时段的预防，这样才能有效预防红眼病的发生。

如果发现有幼儿患红眼病，教师应采取以下应急措施：

1. 隔离该幼儿，防止其与其他小朋友接触。

2. 上报园长或园医，确认幼儿是否患上红眼病。

3. 被确定为红眼病后，教师要配合保育员对幼儿园进行彻底的清扫和消毒，重点是楼梯扶手、门把手、洗手池、水龙头和室内桌椅、玩具等，防止病情在幼儿园内传播。

4. 患儿使用过的毛巾、手帕和脸盆要煮沸消毒，晒干后再用，并为患儿准备专用的洗脸用具。

第七章　自然灾害发生时，逃生是关键

自然灾害是人为不可控制的，并且破坏力极大，对人类社会所造成的危害往往是触目惊心。幼儿面对自然灾害时，往往会惊恐万分，慌乱大于镇静。幼儿教师需要在平时对幼儿灌输自然灾害的逃生知识，以便自然灾害发生时，使幼儿园的场面可控，把损失减小到最低，从而保障幼儿的人身安全。

81　遇到地震，冷静指挥幼儿逃离

地震就像海啸、龙卷风、冰冻灾害一样，是地球上经常发生的一种自然灾害。地震是极其频繁的，全球每年发生地震约 550 万次，造成了大量的人员伤亡。教师要了解一些关于地震的基本常识，以便在地震发生时更好地保护幼儿。

地震发生时，最明显的现象是地面的连续震动，主要特征是地面晃动。地震分为天然地震和人工地震两大类。此外，在某些特殊情况下也会发生地震，如大陨石冲击地面（陨石冲击地震）等。引起地球表层震动的原因很多，根据地震的成因，可以把地震分为以下几类：

1. 构造地震，是由于地下深处岩石破裂、错动把长期积累而来的能量急剧释放出来，以地震波的形式向四面八方传播出去，到地面引起的房摇地动称为构造地震。这类地震发生的次数最多、破坏力也最大，占全世界地震总量的 90％以上。

2. 火山地震，是由于火山作用，如岩浆活动、气体爆炸等引起的地震。只有在火山活动区才可能发生火山地震，这类地震只占全世界地震总量的 7％左右。

3. 塌陷地震，是由于地下岩洞或矿井顶部塌陷而引起的地震。这类地震的规模比较小、次数也很少，即使有，也往往发生在溶洞密布的石灰岩地区或大规模地下开采的矿区。

4. 人工地震，是由人为活动引起的地震，如工业爆破、地下核爆炸造成的震动。在深井中高压注水以及大水库蓄水而诱发的地震也属于人工地震。

"凡事预则立，不预则废。"教师如能在平时做好幼儿的安全教育工作，危难时刻就会挽救幼儿的生命。那么，教师如何教导幼儿在地震中逃生呢？

1. 建立制度，做好避震防灾的演练。幼儿园人员密集，幼儿年龄又极小，因而地震时极易引起恐慌和混乱。历次地震表明，幼儿因缺乏紧急避震知识，造成了许多伤亡，因此，做好应急避震教育极为重要。平时，教师要加强对幼儿的地震基本知识和应急避震知识教育；安排好震时幼儿转移、撤离的路线和场地；教师要制订震情应急措施，建立制度，做好避震防灾的演练；邀请当地消防队进行演习训练，让幼儿牢记逃生路线。

2. 反复告知，让幼儿了解逃生要点，避震方法正确可以大大减少人员伤亡。幼儿掌握了逃生要点，可以减轻地震造成的损害。为此，教师应该反复向幼儿介绍以下地震逃生要点。

（1）地震发生后，不要慌张地向户外跑。慌慌张张地向外跑，碎玻璃、屋顶上的砖瓦、广告牌等掉下来砸在身上，是很危险的。

（2）家住平房的，遇到地震时，如室外空旷，应头顶保护物迅速跑到屋外；来不及跑时可躲在桌下、床下及坚固的家具旁，并用毛巾或衣物捂住口鼻防尘、防烟。

（3）家住楼房的，应选择厨房、卫生间等开间小的空间避震；也可以躲在内墙根、墙角、坚固的家具旁等易于形成三角空间的地方；要远离外墙、门窗和阳台；不要使用电梯，更不能跳楼。

（4）正在室外活动时，应注意保护头部，迅速跑到空旷场地蹲下；尽量避开高大建筑物、立交桥，远离高压电线及化学、煤气工厂或设施。

（5）正在野外活动时，应尽量避开山脚、陡崖，以防滚石和滑坡；如遇山崩，要向远离滚石前进方向的两侧方向跑。

（6）正在海边游玩时，应迅速远离海边，以防地震引起的海啸。

教师参加震后搜救时，应注意搜寻被困幼儿的呼喊、呻吟和敲击器物的声音；不可使用利器刨挖，以免伤人；找到被埋压幼儿时，要及时清除其口鼻内的尘土，使其呼吸畅通；发现幸存幼儿但解救困难时，首先应输送新鲜空气、水和食物，然后再想其他办法救援。

发生地震时，教师要保持冷静，正确指挥幼儿避震，具体的应急措施如下：

1. 如果在室内，教师应组织幼儿立即就近躲避，采用卧倒或蹲下的方式，躲到床下、桌下或墙角，避免被砸，但不要靠近窗口。

2. 告诉幼儿躲避的姿势：躲在床或桌下时，应将一个胳膊弯起来保护眼睛不让碎玻璃击中，另一只手用力抓紧桌腿或床腿。在墙角躲避时，要求幼儿把双手交叉放在脖子后面保护自己，可以拿书包或其他保护物品遮住头部和颈部。

3. 没有支撑和遮挡物只能就地卧倒或蹲下时，教幼儿采用以下姿势：脸朝下，头近墙，两只胳膊在额前相交，右手正握左臂，左手反握右臂，前额枕在臂上，闭上眼睛和嘴，用鼻子呼吸。

4. 在走廊的幼儿，教师应该立即选择有利的安全地点，组织幼儿就近躲避，卧倒或蹲下，用双手保护头部，不能站在窗口。

5. 在室外的幼儿，教师应及时带领幼儿跑到空旷的地方，远离建筑物，要教会幼儿双手放在头上，防止被砸，要避开建筑物和电线。

6. 教师要按预先的分工，迅速到每个房间检查避震的情况，发现有采取不正当措施的，要及时纠正。

7. 听到地震警报后，教师要组织幼儿立即蹲在桌子下面，如果在2分钟后没有大反应，幼儿园再次拉响警报，教师应马上带领幼儿按照幼儿园规定的紧急疏散路线快速、有序地撤离楼房。

8. 教师必须按指定线路疏散，下楼时各班成两路纵队，以免碰撞、踩伤。

9. 如果被困在建筑物中，教师要尽量安慰幼儿，设法施救和自救，不要盲目乱喊乱动，要耐心听外面的动静，当有人走动时，再呼喊或敲击物体求救。

10. 地震后，及时向园长报灾情内容，向家长报平安。

82 遇到泥石流，把幼儿转移到安全地带

泥石流是指在降水、溃坝或冰雪融化形成的地面流水作用下，在沟

谷或山坡上产生的一种挟带大量泥沙、石块等固体物质的特殊洪流。泥石流常常具有暴发突然、来势凶猛的特点，兼有崩塌、滑坡和洪水破坏的双重作用，其危害程度比单一的崩塌、滑坡和洪水的危害更为广泛和严重。最常见的危害是冲进乡村、城镇，摧毁房屋、淹没人畜、毁坏土地，损毁公路、铁路、矿山、水利水电工程。居住在泥石流灾害高发区的教师在雨季应高度警惕泥石流的发生。

按物质状态不同，泥石流一般可分为以下两类：

1. 黏性泥石流，即含大量黏性土的泥石流或泥流。其特征是黏性大，固体物质占 40%～60%，最高达 80%。其中的水不是搬运介质，而是组成物质；稠度大，石块呈悬浮状态，暴发突然，持续时间短，破坏力大。

2. 稀性泥石流，以水为主要成分，黏性土含量少，固体物质占 10%～40%，有很大分散性。水为搬运介质，石块以滚动或跃移方式前进，具有强烈的下切作用。其堆积物在堆积区呈扇状散流，停积后似"石海"。

泥石流的发生规律：

1. 季节性。我国泥石流的暴发主要是受连续降雨、暴雨，尤其是特大暴雨的激发，因此，泥石流发生的时间规律与集中降雨的时间规律一致，具有明显的季节性，一般发生在多雨的夏秋季节。各地因集中降雨的时间不同而有所不同，四川、云南等西南地区的降雨多集中在 6—9 月，因此，西南地区的泥石流多发生在 6—9 月；而西北地区降雨多集中在 6、7、8 三个月，尤其是 7、8 两个月降雨集中，暴雨强度大，因此，西北地区的泥石流多发生在 7、8 两个月，据不完全统计，发生在这两个月的泥石流灾害约占该地区全部泥石流灾害的 90% 以上。教师应该了解泥石流发生的时间，提前做好预防工作。

2. 周期性。泥石流的发生受暴雨、洪水的影响，而暴雨、洪水总是周期性地出现。因此，泥石流的发生也具有一定的周期性，且其活动周期与暴雨、洪水的活动周期大体一致。当暴雨、洪水两者的活动周期与季节性相叠加时，常常会形成泥石流活动的一个高峰期。在这一阶段，教师要提高警惕。

在泥石流高发季节，应该采取以下预防和应急措施：

1. 随时注意当地气象部门在报纸、电视台、网络等媒体上发布的暴雨消息，收听当地有关部门发布的灾害消息；当降大雨或大暴雨时，幼儿午休时要安排相关人员值班，一有情况及时叫醒幼儿。

2. 注意听屋外异常的声音，如树木被冲倒、石头碰撞的声音。离沟道较近的教师要注意观察沟水流动的情况，如沟水突然断流或突然变得十分混浊，当有异常情况出现时，可能意味着泥石流将要暴发或已经暴发，应上报园长立即撤离。

3. 一旦发生险情，教师应该及时组织幼儿逃生，把他们转移到安全地带。

4. 如果有关部门已发出泥石流的预报或警报，或异常情况越来越明显，教师应立即组织人员按幼儿园原定的疏散路线迅速离开危险区，将幼儿带到安全点避难。

5. 发生泥石流时，教师要做好紧急疏散和保护工作。疏散时，要求幼儿不要顺着泥石流向上游或向下游跑，应向沟岸两侧山坡跑，且不要停留在凹坡处。

6. 泥石流对人的伤害主要是泥浆使人窒息。如果有幼儿被困在泥石流中，教师要马上施救。将压埋在泥浆或倒塌建筑物中的幼儿救出后，教师应立即清除幼儿口、鼻、咽喉内的泥土及痰、血等，排出其体内的污水。对昏迷的幼儿，应使其平卧、头后仰，将其舌头牵出，尽量保持其呼吸道的畅通，如有外伤应采取止血、包扎、固定等方法处理，然后再将幼儿转送急救站。

83 遇到沙尘暴，要立即关窗

沙尘暴是一种风与沙相互作用的天气现象，是由于强风将地面沙尘吹起，使大气能见度急剧降低的灾害性天气。气象资料表明，早春季节是我国华北、西北部分地区沙尘天气的多发时段，出现频次以春季3、4月为最高。

沙尘暴对人的健康主要有以下几方面的影响：

1. 沙尘暴会带来大量浮尘，浮尘又被称为"可吸入微粒"，这种颗粒经过呼吸进入呼吸道，尤其是直径在0.5～5微米的颗粒可进入支气管、细支气管，最后沉降于肺泡，从而对肺组织产生强烈的刺激作用，引起支气管炎、肺炎、肺气肿等急慢性呼吸道疾病。

2. 在沙尘暴源地和影响区，大气中可吸入的颗粒物增加，大气污染加剧，颗粒物表面吸附着多种有害病原体，如细菌和病毒等，导致一些传染病传播的机会大大增多。

沙尘暴还可能诱发过敏性疾病、流行病及传染病。有过敏史的人，当有沙尘暴时，可能出现许多过敏反应症状。

3. 沙尘暴对眼、鼻、喉、皮肤等直接接触部位的损害主要表现为流泪、流鼻涕、咳嗽、咳痰等刺激症状和过敏反应，严重的可以导致皮肤炎症、结膜炎等。

沙尘本身携带了病菌、污染物，进入眼睛接触到结膜可能造成感染。沙尘进入眼睛会对眼球造成刺激，可直接引起眼睛疼痛、流泪，如不清除沙尘，或消除时用手揉眼睛，可引起细菌性或病毒性眼病。

4. 沙尘暴对人类的健康造成了多方面的损害。沙尘天气增加了心血管疾病患者发生急性呼吸道感染的几率，并影响其心脏功能，加重心脏负担，有可能导致心脏衰竭。

沙尘暴作为一种高强度风沙灾害，并不是在所有有风的地方都能发生，只有那些气候干旱、植被稀疏的地区，才有可能发生沙尘暴。易发生沙尘暴的地区的幼儿教师，要了解沙尘天气对幼儿健康的危害，在沙尘天气来临时，采取相应的防范措施，避免幼儿受到伤害。

沙尘暴对人的心理健康有很大的负面影响：当沙尘暴出现时，空气及沙尘的冲撞摩擦噪音，会使人们心里感到不适；特别是大风音频很低，能直接影响人体的神经系统，使人头痛、恶心、烦躁；猛烈的大风、沙尘还会使空气中的"维生素"即负氧离子严重减少，导致一些对天气变化敏感的人机体发生变化，感到神经紧张和疲劳。

专家提醒，面对突如其来的沙尘暴，最好待在室内，尽量不外出。如果在室外，要远离树木和广告牌，可用湿毛巾、纱巾保护眼睛和口。以下是专家支招防沙尘的几种方法，教师可以采用。

1. 开窗有讲究，沙尘暴天气时不宜开窗通风，应等沙尘过去之后再开窗。

2. 沙尘天气时应尽量减少体力消耗和户外活动，特别是老年人、婴幼儿、孕妇、体弱者以及呼吸系统疾病和心脏病患者更应注意。有基础性呼吸道疾病者应考虑戴过滤口罩，对尘土过敏者可考虑提前服用一些抗过敏的药物。

3. 在沙尘天气期间外出时可以戴上口罩、眼镜、帽子和围巾，有效减少吸入体内的沙尘；尽量不要骑自行车；由于室外能见度差，外出时应当穿着颜色鲜艳的衣服，以减少交通事故的发生；穿戴防尘的手套、鞋袜、衣服以保护皮肤；外出回来后一定要仔细清洗鼻腔，进食前要洗手脸。

4. 在饮食方面，要多饮水，及时补充流失的水分、加快体内各种代谢废物和毒素的排出，多吃清淡食物，也可在室内使用空气加湿器，以保持室内空气清新。

多吃富含维生素 C、维生素 E 的食物，帮助身体排出微尘，如柠檬、橙子、猕猴桃、青椒、白菜、土豆、牛奶、鸡蛋和菠菜等。

发生沙尘暴时，教师应该采取如下应急措施：

1. 如在室内，教师应立即关闭门窗，避免玻璃震碎割伤幼儿。

2. 刮大风时，尽量不要开电器，以防户外线路短路损坏电器伤及幼儿。

3. 禁止幼儿在户外活动，如果正在组织活动，应立即停止，回到室内。

4. 如有幼儿出现过敏性疾病的症状，要马上联系园医，及时用药，防止疾病发作。

5. 如有幼儿发生慢性咳嗽伴咳痰或气短、发作性喘憋及胸痛，要尽快就诊，在医务人员的指导下进行相应治疗。

84　遇到水灾，往更高的安全位置转移

水灾在我国尤其是南方降雨量较多的地方很容易发生。特别是在汛期，暴雨连连，决堤、溃坝和内涝而形成水灾往往就在瞬间发生，幼儿困在园内的事也时有发生。

看到瓢泼的大雨，幼儿自然非常紧张，甚至还会吓得哇哇直哭。而特大暴雨引发的洪水，还可能会冲垮房屋、冲翻汽车、冲走行人。出现灾难性的降雨时，教师应迅速作出反应，尽全力确保幼儿的安全。

随着自然环境的破坏，自然灾害也随之增多，水灾也时常发生，因此，让幼儿了解水灾发生时的自救方法，成为必不可少的安全教育内容。

1. 教师可以通过座谈会、主题班会或游戏的形式，向幼儿提问一些关于水灾的问题，如"小朋友们想想如果我们这儿连续几天都下雨，会是怎样呢？有哪些不方便呢""如果大雨连续不停地下，将会发生什么"，然后通过幼儿间的交流或教师的引导，让幼儿逐渐掌握水灾的基本知识。

教师还可以通过图片，让幼儿了解水灾的危害性。在观看图片的过程中，教师可以提问——"连续下大雨，会发生什么事情""洪水会给人们带来哪些灾难"，让幼儿明白水灾的可怕，从而及早树立警惕意识。

之后，教师还可以和幼儿一起交流水灾的自救方法，让幼儿知道水灾来了，可以通过发求救信号、抱住树木和爬上屋顶等方法自救。

2. 教师可以在课堂上给幼儿设计一些水灾逃生的训练游戏，如知识竞赛、模拟演习，让幼儿自由发挥，而教师可以在旁边仔细观察、引

导，让幼儿通过亲身经历，掌握正确的水灾逃生方法，使其更容易接受和掌握水灾时的自救技能。

3. 教师平时应对幼儿做一些心理训练，培养其处事不惊的心理素质，确保水灾发生后，幼儿能冷静地寻找救生器材，忙中有序地逃生。

通常情况下，严重的水灾往往发生在江河湖溪沿岸及低洼地区。遇到水灾，教师应如何救助幼儿并带领他们逃生呢？

1. 如果来不及转移幼儿，也不必惊慌失措，而应尽力安抚幼儿，要让他们保持安静等待救援，或者尽快指引、带领幼儿向高处躲避洪水，比如结实的楼房顶、大树上，同时拨打 110 或 120 急救电话，请求救援。

2. 为了防止洪水涌入室内，教师要堵住门下面的空隙，也可以在门槛外侧放上沙袋。沙袋可用麻袋、草袋或布袋、塑料袋，在里面塞满沙子、碎石。如果预计洪水还会上涨，那么在底层窗槛外也要堆上沙袋。

3. 如果洪水不断上涨，教师应在楼上储备一些食物、饮用水、保暖衣物以及烧开水的用具。

4. 如果水灾比较严重，水位不断上涨，教师应紧急就地取材，做一些木筏等逃生工具。幼儿园内任何入水能浮的东西，如门板、扫帚等，都可用来制作木筏。如果一时找不到绳子，教师还可以把床单、被单、衣服等撕开来代替。

在让幼儿爬上木筏前，教师一定要自己先试试木筏能否漂浮，然后再搜集一些食品和发信号的用具，比如哨子、手电筒、旗帜或鲜艳的东西等，交给幼儿。

如果水势过大，教师或幼儿被洪水卷入或落水后，教师应保持冷静，不能大声喊叫，以免呛水，同时应尽量寻找并抓住一切漂浮物，如木板、树干、桌椅和衣柜等，以助漂浮。在自救的同时，教师还应尽最大努力救助幼儿，并尽量减轻幼儿的紧张感。

当把被水冲走的幼儿救上岸后，教师应先将幼儿置于俯卧位，让其头偏向一侧，让体内水流出，然后再清除幼儿口鼻内的污泥、杂草、呕吐物，使其呼吸畅通。如果幼儿的呼吸、心跳停止，教师应立即进行人工呼吸和胸外心脏按压。

85　遇到大雪，保障幼儿的人身安全

按照降雪量的强度，降雪分为小雪、中雪、大雪和暴雪四个等级。小雪降雪量为 0.1～2.4 毫米/天，中雪为 2.5～4.9 毫米/天，大雪为 5.0～9.9 毫米/天，暴雪为大于等于 10 毫米/天。当雪势过大时，可能导致多种自然灾害。

1. 积雪的山坡上，当积雪内部的内聚力抗拒不了它所受到的重力拉引时，便会向下滑动，引起大量雪体崩塌，人们把这种自然现象称作雪崩。

雪崩是一种所有雪山都会有的地表冰雪迁移过程，它们不停地从山体高处借重力作用顺山坡向山下崩塌，崩塌时速度可达 20～30 米/秒。雪崩具有发生突然、运动速度快、破坏力大等特点。

它能摧毁大片森林，掩埋房舍、交通线路、通信设施和车辆，甚至能堵截河流，发生临时性的涨水。同时，它还能引起山体滑坡、山崩和泥石流等可怕的地质灾害。因此，雪崩被人们列为积雪山区的一种严重自然灾害。雪崩常常发生于山地，有些雪崩是在特大雪暴中产生的，但常见的是发生在积雪堆积过厚、超过了山坡面的摩擦阻力时。

2. 风吹雪是大风携带雪运行的自然现象，又称风雪流。

积雪在风力作用下，形成一股股携带着雪的气流，雪粒贴近地面随风飘逸，被称为低吹雪。大风吹袭时，积雪在原野上飘舞而起出现雪雾弥漫、吹雪遮天的景象，被称为高吹雪。积雪伴随狂风起舞，急骤的风雪弥漫天空，使人难以辨清方向，甚至把人刮倒卷走，称为暴风雪。

风吹雪危及工农业生产和人身安全。风吹雪对农区造成的危害，主要是将农田和牧场的大量积雪搬运至他地，使大片需要积雪储存水分、保护农作物墒情的农田、牧场裸露，农作物及草地受到冻害。风吹雪在牧区造成的危害主要是淹没草场、压塌房屋、袭击羊群、引起人畜伤亡。

风吹雪还对公路交通造成危害。

面对大雪及其导致的灾害，教师应及时采取措施保障幼儿的人身安全。

下大雪时，教师可采取以下措施来保障幼儿的安全：

1. 教师可在比较滑的地段，增加一些固定物或防滑垫，以方便幼儿手扶，减少因地滑而发生伤害的可能性，增加稳定性。

2. 应告诉幼儿，雪天步行速度不要太快，要走人行道，不要在机动车道上行走，防止被侧滑的车撞伤。在雪地中行走时，步幅要小，且应保持固定步速，不要太快。手里最好不要提较重的东西，双手不要揣在兜里，因为双手来回摆动能对身体起到平衡作用。

如果幼儿突然摔倒，教师应告诉他们尽量别用手腕去支撑地面，因为这种摔倒姿势最容易造成手臂骨折。也不要急着起来，应先检查一下身体哪些部位疼痛。

3. 大雪天，教师可以准备一些 1 厘米粗的绳子，绑到幼儿的鞋子上面，最好能绕两圈以上，然后在幼儿的脚踝处固定绑好，这样可以增大幼儿鞋底的摩擦力，防止幼儿滑倒。

4. 幼儿的皮肤对气温非常敏感，天冷很容易长冻疮。如果幼儿的皮肤已经冻伤，教师应帮助幼儿把冻伤部位洗净、擦干，然后涂上一些甘油或含多种维生素的软膏加以防护。如果幼儿的皮肤出现了裂口，教师在涂软膏之前应先对幼儿的皮肤进行消毒，以防感染。

幼儿眼睛发育尚不完善，如果幼儿到雪地游玩或者赏雪，教师应注意提醒幼儿保护眼睛，长时间赏雪时最好戴上墨镜；从室内走到室外时，应提醒幼儿尽量把眼睛眯上，以减少光照，等到眼睛适应外部环境后再睁大。

同时，教师应注意提醒幼儿避免长时间直视雪景，以免强光刺伤眼睛。一旦幼儿出现雪盲症症状，教师应迅速把幼儿带到较暗的地方，并用凉毛巾给幼儿敷眼，让幼儿闭目养神之后，再及时就诊。

86   遇到冰雹，不要停留在室外

冰雹是一种固态降水物，是圆球形或圆锥形的冰块，由透明层和不透明层相间组成。冰雹的直径一般为 5～50 毫米，最大的超过 10 厘米。冰雹的直径越大，破坏力就越大。冰雹常砸坏庄稼、威胁人畜安全，是一种严重的自然灾害。

冰雹来自对流特别旺盛的对流云（积雨云）中。云中的上升气流要比一般雷雨云强，小冰雹是在对流云内由雹胚上下数次和过冷水滴碰并过程中形成的，当云中的上升气流支托不住时，就下降到地面。大冰雹是在具有一支很强的斜升气流、液态水的含量很充沛的雷暴云中产生的。

冰雹的产生需要满足以下几个条件：

第一，大气中必须有相当厚的不稳定气层存在。

第二，积雨云必须发展到能使个别大水滴冻结的高度（一般认为温度达 $-16～-12℃$）。

第三，要有强的风切变。

第四，云的垂直厚度不能小于 6～8 千米。

第五，积雨云内含水量丰富，一般为 3～8 克/平方米，且在最大上升速度的上方，有一个液态冷却水的累积带。

第六，云内应有倾斜的、强烈而不均匀的上升气流，一般在 10～20 米/秒以上。

冰雹每次降雹的范围都很小，一般宽度为几米到几千米，长度为 20～30 千米，所以民间有"雹打一条线"的说法。

虽然降雹的范围不大，但它一旦出现，极有可能对幼儿产生危害，因此，教师应积极采取措施，让幼儿安全度过冰雹天。

冰雹是灾害性天气现象之一，它产生于不稳定气层，常出现在春、秋季。冰雹的出现是一个复杂的天气过程，而每一个复杂的天气过程都有它的初始阶段，特殊的极端情况是有征兆可寻的。如果在冰雹初始

阶段，教师就做好了各种准备，那么当冰雹到来时，教师就可以从容应对，有效保护幼儿。

1. 当冰雹来临时，如果幼儿在室外，教师应阻止他们乱跑，因为冰雹很可能迎面砸过来。

2. 当冰雹来临时，教师可让幼儿以最快的速度将衣服脱下，帮助他们把衣服大致地叠一下，顶在头上，保护好头部和颈部。教师还应阻止幼儿在冰雹来临时弓背弯腰地跑，因为如此做，冰雹很有可能会砸伤幼儿的背、颈等部位。

3. 当冰雹来临时，教师应指导幼儿利用一切可以利用的东西避险，如木桌、抽屉、椅子等。椅子和抽屉能更好地保护幼儿的头部，但要阻止幼儿拿铁质的、导电的和容易碎的物品来当避险工具。

4. 当冰雹来临时，教师应及时将幼儿转移到水泥砖结构的房子里。个别不坚固的房屋在冰雹中很可能会坍塌，这时教师应让幼儿躲在房屋的墙角边，但要远离靠窗的墙角，以免窗户的玻璃砸伤幼儿。

5. 当冰雹来临时，教师应关好门窗，妥善安置好易受冰雹影响的物品，防止幼儿因这类物品而受伤。幼儿可能会因冰雹来临而慌乱奔跑，或在冰雹来临时因关心户外的物品而停留在外，因此，教师也需要妥善安置好这些物品，避免幼儿滞留室外遭受冰雹伤害。

如果幼儿被冰雹砸到，教师应及时进行处理，并联系家长，将幼儿送往医院进行检查、治疗。

87 遇到大风，远离高大建筑物

气象学规定，当风速大于或等于 17.2 米/秒时，就为大风。大风是一种自然现象，本质上是快速的空气流动。大风由于产生的原因不同，可分为寒潮大风、雷雨大风、台风和龙卷风等。

在天气预报中，我们经常听到风力 2、3 级或 4、5 级。那么在生活中，应如何识别风的等级呢？

风力等级（级）	风的名称	水面及船只征象	陆地物征象	相当风速（米/秒）
0	无风	海面平静	静，烟直上	0～0.2
1	软风	微波如鱼鳞状，没有浪花；寻常渔船略觉摇动	烟能表示风向，树叶略有摇动但风向标不能转动	0.3～1.5
2	轻风	小波，波长尚短，波形显著，波峰光亮但不破裂；渔船张帆时，可随风移行每小时2～3公里	人面感觉有风，树叶有微响，风向标能转动，高草开始摇动	1.6～3.3
3	微风	小波加大，波峰开始破裂，浪末光亮，有时可有散见的白浪花；渔船开始簸动，张帆随风移行每小时5～6公里	树叶及小枝摇动不息，旗子展开，高草摇动不息	3.4～5.4
4	和风	小浪，波长变长，白波成群出现；渔船满帆时，可使船身倾于一侧	能吹起地面灰尘和纸张，树枝动摇，高草呈波浪状起伏	5.5～7.9
5	清劲风	中浪，具有较显著的长波形状，许多白浪形成；渔船需缩帆一部分	有叶的小树摇摆，内陆的水面有小波，高草波浪状起伏明显	8.0～10.7
6	强风	轻度大浪开始形成，到处都有更大的白沫峰；渔船加倍缩帆	大树枝摇动，电线呼呼有声，撑伞困难，高草不时倾伏于地	10.8～13.8
7	疾风	轻度大浪，碎浪而成白沫沿风向呈条状；渔船不再出港，在海者下锚	全树摇动，大树枝弯下来，迎风步行感觉不便	13.9～17.1

续表

风力等级（级）	风的名称	水面及船只征象	陆地物征象	相当风速（米/秒）
8	大风	中度大浪，波长较长，波峰边缘开始破碎成飞沫片，白沫沿风向呈明显的条带状；近港的渔船进港	微枝折毁，人向前行，感觉阻力很大	17.2～20.7
9	烈风	狂浪，白沫沿风向呈浓密的条带状，波峰开始翻滚，飞沫可影响能见度；机帆船航行困难	草房遭受破坏，屋瓦被掀起，大树枝可折断	20.8～24.4
10	狂风	狂涛，波峰长而翻卷，白沫成片出现，白沫沿风向呈白色浓密条带，海面颠簸加大有震动感，能见度受影响，机帆船航行颇危险	陆上少见，见时可使树木拔起或将建筑物损坏较重	24.5～28.4
11	暴风	异常狂涛，海面完全被沿风向吹出的白沫片所掩盖，波浪到处破成泡沫，能见度受影响；机帆船遇之极危险	陆上很少，有则一般建筑物遭严重破坏	28.5～32.6
12	飓风	海面完全变白，能见度严重受到影响	陆上绝少，其摧毁力极大	32.7～36.9

教师不仅要针对大风天气制订相应的幼儿安全应急预案，还应及时掌握大风的预警信息。只有能正确判断大风不同级别的预警信号，才能做出适时、正确的判断，并向家长通报。大风（除台风外）预警信号分四级，分别以蓝色、黄色、橙色、红色表示。

1. 大风蓝色预警信号：24 小时内可能受大风影响，平均风力可达 6 级或者阵风 7 级；或者已经受大风影响，平均风力为 6～7 级，或者阵风 7～8 级并可能持续。

2. 大风黄色预警信号：12 小时内可能受大风影响，平均风力可达 8 级或者阵风 9 级；或者已经受大风影响，平均风力为 8～9 级，或者阵风 9～10 级并可能持续。

3. 大风橙色预警信号：6 小时内可能受大风影响，平均风力可达 10 级或者阵风 11 级；或者已经受大风影响，平均风力为 10～11 级，或者阵风 11～12 级并可能持续。

4. 大风红色预警信号：6 小时内可能受大风影响，平均风力可达 12 级或者阵风 13 级；或者已经受大风影响，平均风力为 12 级以上，或者阵风 13 级以上并可能持续。

大风天，教师可采取以下应急措施，以保证幼儿的安全。

1. 幼儿园附近如果有施工工地，应教育幼儿尽量远离工地。

2. 教育幼儿不要在高大建筑物、广告牌或大树的下方长时间停留。

3. 及时加固门窗、围挡、棚架等易被风吹动的搭建物，妥善安置易受大风损坏的室外物品，防止它们因被大风吹起而伤到幼儿。

4. 停止幼儿的露天集体活动，并带领幼儿回到室内，室内门窗都应关好，保证室内的清洁。

5. 不要将接送幼儿的车辆停在高楼、大树下方，以免玻璃、树枝等吹落造成车体损伤，伤及车中的幼儿。

6. 大风天有时会伴有风沙，要让幼儿戴上口罩、帽子、丝巾或头罩，有些幼儿还应戴上风镜。

88 遇到海啸时，要及时远离海边

当地震发生于海底，因地震波的动力而引起海水剧烈的起伏，可能引起海啸。海啸可以卷起高达 30 米的狂涛骇浪，冲上陆地后所向披靡，对沿海地带的生命和财产造成巨大的破坏。

地震引发的海啸登陆之前，会有一些非常明显的前兆现象，在海边生活、工作、旅游的人们只要稍加注意，就可以发现。常见的海啸登陆的前兆现象大致有四种：

一是海水异常的暴退或者暴涨；二是离海岸不远的浅海区，海面突然变成白色，其前方出现一道长长的明亮的水墙；三是位于浅海区的船只突然剧烈地上下颠簸；四是突然从海上传来异常的巨大响声，在夜间尤为令人警觉，其他的还有大批鱼虾等海生物在浅滩出现；海水冒泡，并突然出现快速倒退。

在海边发生海啸时，教师要掌握必要的逃生知识，要尽量做到以下几点：

1. 如果你感觉到较强的震动，不要让幼儿靠近海边、江海的入海口。注意收听海啸预警，海啸有些会在地震发生几小时后到达离震源上千公里远的地方。

2. 收到海啸警报时，没有感觉到震动也要立即离开海岸，快速到高地安全处避难。在没有解除海啸警报之前，不要靠近海岸。切记不要让幼儿去海边看海啸，如果和海浪靠得太近，危险来临时就会无法逃脱。

3. 海啸登陆时海水往往明显升高或降低，如果教师在海边看到海面后退速度异常快，立刻让幼儿撤离到内陆地势较高的地方。